MAYAN ASTROLOGY

活出命運最大值！

馬雅占星術

13月亮曆

MASAYUKI

楓樹林

CONTENTS

※QRcode分享網站有時會因為網站等狀況，未預先告知就變更或移除；如為外文，恕無法提供翻譯。造成不便，還請見諒。

前言

你有多了解自己呢？

我們都必須先了解自己，才能擁有更精彩的人生、更良好的人際關係、
更鞏固的感情，以及更舒適的工作。

至今，我幫助過一萬名以上的人進行命理，
教導過許多人「活出自我的絕技」。
能夠過上幸福人生的人，多數都是因為他們對自己瞭若指掌。
相反地，覺得自己人生悲慘倒楣的人，往往缺乏了解自己，
總是渾渾噩噩度日。

現在，世界已經邁入嶄新的時代——
一個多元並立的時代。

每個人都能擁有自己獨特的膚色、價值觀、信念、宗教、興趣、嗜好、
時尚品味、工作方法，以及生活之道。
在這個世代中，你能活成自己喜歡的模樣，各式各樣的性格都能備受尊重。

若將這個多元並立的時代定義為「綻放自我的時代」，
你便會發現，我們的獨特性有多麼重要。

而我們究竟是誰，又擁有什麼天賦呢？
究竟該採取何種生活之道，才能綻放獨特的光芒呢？
每個人都想知道這些問題的答案。

正如著名哲學家蘇格拉底所言：「認識你自己」。
即便是好幾千年後的現代，這依舊是生而為人的重要課題。

除了明白自己的個人特質以外，
了解自己工作上的強弱項、與周遭人士之間錯綜複雜的關係、
生而為人的意義和使命、此生的目的，
甚至我們需要善加克服的生命議題，將能讓你活得更加強而有力。

這是一本引導你在「綻放自我的時代」中更加活出自我、
活得更為輕鬆的指南手冊，希望這本書能對你有所啟發。

MASAYUKI
[KIN6　白世界橋／紅龍]

Chapter 1

為何要「認識自我」？

「了解自我」能夠幫助我們確立自己的個人特質。我們究竟是為了什麼目的、帶著何種使命來到這個世上的呢？只要深入明白這點，你將能讓自己身上的光芒更加耀眼。

每個人都有自己的任務及使命，只要善盡職責，就能大放異彩

每個人生來在世都有自己的使命。只要生而為人，無論性格善惡，都被上天賦予了重要職責。然而，多數人並不了解自己此生的使命究竟為何，這等同於我們將在對自己一無所知的情況下度過此世。相反地，能明白自己此生任務的人，將能窮盡一生完成使命。換言之，這樣的人才能以自己真實的模樣，活出精采的人生。

每個人生來在世的使命皆不盡相同，舉例而言，醫生護士救助人命、警消人員為社會和人民奉獻心力、諮商師及療癒師撫慰眾人心靈、演藝人員帶給世界歡笑、企業家促進經濟發展、發明家引領社會前進、藝術家透過藝術擄獲人心、歌手和音樂家等表演人員透過作品傳遞思想，每個人都有各自不同的角色及任務。

那麼，你此生究竟被賦予了什麼任務呢？若你正對人生感到苦惱、覺得生活困苦艱辛，你的首要之務正是了解自己。只要明白自己生來在世究竟帶著什麼樣的使命，你就能活得更加輕鬆自如。

活出自我便能鴻運當頭——運氣爆棚的徵兆

只要「活成KIN的模樣」，生活便能否極泰來。
以下20點，即是你生活時來運轉的徵兆。
你遇上了其中的哪幾項呢？一起來檢視看看吧！

- ❑ 事情開始順利推進
- ❑ 總是適逢其會
- ❑ 時常感受到共時性
- ❑ 直覺逐漸敏銳
- ❑ 感知逐漸強烈
- ❑ 肌膚變得容光煥發
- ❑ 時時遇見靈魂伴侶
- ❑ 相處不睦的人逐漸遠離你的生活
- ❑ 內心經常湧現感恩的情緒
- ❑ 問題及煩惱總能順其自然解決

❑ 停滯的事物開始有新進展

❑ 屢屢獲得自己想要的物品

❑ 睡眠品質提升

❑ 生活充滿動力

❑ 對未來感到興奮

❑ 不再在意旁人的眼光

❑ 不再和他人比較

❑ 不再感到自卑

❑ 即便他人向自己炫耀，也能心平氣和

❑ 不再覺得深呼吸窒礙難行

結果如何呢？你總共符合幾項呢？只要「活成KIN的模樣」，就能翻轉生活。其中最能體會到的，就是「時常感受到共時性」、「總是適逢其會」、「不再在意他人的眼光」，以及「肌膚變得容光煥發」這幾項。你將能明顯感受到生活瀰漫嶄新的氣息，譬如，你將能遇見不同凡響的人物、開始能常保微笑、心懷感恩等。

Chapter 2

究竟何謂「MASAYUKI式星際馬雅13月亮曆占星術」？

應該有許多人是首次耳聞「星際馬雅13月亮曆占星術」。在詳細介紹這套占星術之前，我想先說明一些「概念」，了解之後，你將能更加深入理解這套占星術。

超越占卜的靈魂本質探索工具

聽到「占星術」時，你會聯想到什麼呢？

相信各位腦中首先浮現的，肯定是「牡羊座、金牛座」等透過十二星座進行命理的「西洋占星術」。這是我們生活中最能接觸到的占星術，時常會出現在雜誌的末頁、晨間節目的最後單元等。這套占星術能夠評測出我們的性格，譬如「具有領導特質，是名人氣王」等，同時也可以預言我們的未來，像是「1月開始有機會開展新戀情」等。不過，在各位眼中，勢必覺得這些言論有時精闢，有時卻又不太準確，對吧！

在了解星際馬雅13月亮曆占星術時，若抱持著相同的態度，恐怕容易先入為主地認為它和一般的占卜無異，但事實上，它與傳統占卜大相逕庭。它的核心是引領我們了解自己深層的靈魂本質，而非占算的準確性。

若要一語概括星際馬雅13月亮曆占星術，我會說它是「根據宇宙法則，知曉自己宿命和靈魂本質的一套方法」，不僅能幫助你了解自己，還能讓你獲得至高無上的幸福。

雖然我們也可以利用星際馬雅13月亮曆占星術占卜運勢，但相較之下，它更適合做為一套「了解自己此生目的」的工具。

「星際馬雅13月亮曆占星術」是套將宇宙法則系統化的占星術

你是否已經明白，比起一般的占卜，星際馬雅13月亮曆占星術擁有更加深遠的意義了呢？

為了讓各位更能直搗星際馬雅13月亮曆占星術的核心，我想再稍作說明。

其實，星際馬雅13月亮曆占星術是套將宇宙法則系統化的占星術。大家是否聽過「宇宙法則」呢？

對神祕學抱有興趣的人肯定都對此詞彙耳熟能詳，但我相信肯定有人未曾耳聞，因此，請讓我在此簡單說明。

我們居住於地球這顆行星，同時也是浩瀚宇宙的一員。宇宙中，每一瞬間的時間能量永遠都朝著未來流動，這些瞬間的能量堆積出時間，而我們在時間之中孕育生命。毫無疑問地，這股時間之流是由宇宙所打造，而非我們人類。

換言之，這個世界存在著一股凌駕於人類力量之上的「巨大洪流與力量」，而這股力量就是「愛」，也就是宇宙法則。若是我們能遵循宇宙的真理生活，我們將能與宇宙合一，走向靈魂本應前往的道路。

唯有理解宇宙法則本質的人，才能迎接豐盛，完成人生使命。

「吸引力法則」和「言靈信仰」皆遵從「宇宙法則」

究竟該如何順應掌管這個世界的宇宙法則呢？在探尋答案的過程中，你將發現，古聖先賢們早已摸索出具體的作法，那就是「吸引力法則」和「言靈信仰」。這些本來大多只在神祕學領域提及的詞彙，如今已經逐漸廣為人知。相信大家或多或少都有「心想事成」、「因保持正念而吸引好事發生」、「話語成真」的經驗吧！

其實，這並非奇蹟，從宇宙法則的角度來看，這是必然的結果。除了上述列舉的概念之外，宇宙中尚有諸多定律，其中，也有許多定理尚未被發掘。而你如何臣服、遵循宇宙法則，將決定你能否抓住幸福。

「星際馬雅13月亮曆占星術」無庸置疑也是宇宙法則之一。

在你了解星際馬雅13月亮曆占星術之後，你將能明白自己的使命。

你將會理解生命的真諦，知道自己「生來在世的使命」。而遵循自己的使命過活將能真真實實開拓你的人生，就如同吸引力法則和言靈信仰一樣。

我，MASAYUKI，也是透過「星際馬雅13月亮曆」開運的其中一人

在此，我想分享一些個人經驗。我相信在分享完遇見星際馬雅13月亮曆的歷程後，各位就能清楚明白，星際馬雅13月亮曆占星術確實遵循著宇宙法則。

現在的我致力於幫助眾人活出幸福人生，各位看到現在的我，肯定無法想像，過往的我其實思想極為負面，十分自卑。

中學時，身為企業家的父親不僅名下公司開始走下坡，還染上了危及生命的疾病。沒過幾年，摯愛的父親便遺憾地離開了人世。原先豐足無憂的童年一瞬間風雲變色，我開始對這跌入谷底的不幸人生感到悲觀，每天都過得魂不守舍。

但當時，命運的邂逅扭轉了我的人生。根據宇宙法則，失去時，宇宙必定會奉還等值的事物給你，我親眼見證了「等價交換法則」在我眼前發生。

我在低潮中遇見了足以謂為我靈魂導師的身心靈老師，學習了宇宙法則、愛的概念、世間真理等諸多知識。而不久後，我遇上了星際馬雅13月亮曆。

在認識星際馬雅13月亮曆之後，我的體內彷彿有某樣東西覺醒了。根據星際馬雅13月亮曆，每個人都配有一個靈魂數字，稱作「KIN」。我的KIN是6，在了解背後的涵義後，我領會到，原來我的成長歷程與艱苦的前半生，其實都是宇宙法則訂定好的必然之路。我開始明白，原來我擁有靈性能力，而我需要經歷生離死別才能轉換人生觀。而且，我生來便擁有許多的愛，在歷經生命的各種歷練之後，我才能喚醒愛的力量，將愛奉獻給人類社會。

在那瞬間，我恍然大悟。

我截至當時苦不堪言的人生都足具意義，同時，我也明白，接下來我該以何種姿態生活下去。

此時，彷彿有道光照進了我的生命。

我就此下定決心，我要臣服於宇宙法則，活成KIN的模樣。

「星際馬雅13月亮曆占星術」源自何處？

星際馬雅13月亮曆發源自南美洲墨西哥瓜地馬拉一帶的馬雅文明，那是個距今五千年前繁榮古文明。據說古馬雅人在科學、數學、以及天文學上天賦異稟，自古就擁有高科技。當時時鐘尚未問世，只有天文望遠鏡。而在這樣的時代裡，古馬雅人辛勤學習，考究星群的流動，發明「時間」這則概念。根據NASA目前最新技術的檢測數據，一年為「365.2422」天，而古馬雅人早已計算出一年有「365.2420」天，準確度十分驚人，可說是擁有破天荒的聰明才智。

不僅如此，他們還運用時間的概念推算月亮的公轉週期、太陽的自轉週期等宇宙的運行規則，從中發展出十七套曆法。當時馬雅人使用的曆法裡，有個名為「卓爾金曆（詳細說明請見21頁）」的曆法，為古代馬雅神官使用的神聖之曆，「MASAYUKI式星際馬雅13月亮曆占星術」即是從這套曆法延伸出來的。

因此，從中誕生的這套占星術，可以說是在解讀宇宙法則時不可或缺的一項工具。

「MASAYUKI式星際馬雅13月亮曆占星術」引領靈魂活出精采人生

如同前文所述，我從身心靈老師身上習得了宇宙法則和世間真理。之後，我還向陰陽師學習了東方哲理、陰陽五行等形形色色的神祕學基礎觀念。

在我跌入人生谷底時，我也曾為了突破重圍，修習心理學與自我成長心法。此外，為了完成企業家父親的遺志，我還研讀了協助我們提升生活品質的帝王學，吸收了許多有益生活的實用知識。而歷經了如此之多的學習，我也終於明白自己存在的意義。

根據KIN，我此生的職責是「透過靈性能力和慈愛帶領更多人過上幸福人生」。為了達成這份使命，並產生更加深遠的影響力，我決定透過星際馬雅13月亮曆分享自己的畢生所學，以此造福人類社會。

因此，「MASAYUKI式星際馬雅13月亮曆占星術」於焉誕生，這是一套獨門技法，融合了古馬雅人的智慧以及我的知識、經驗和命運。

他超越一般占卜的概念，不僅能點出你的使命，還會告訴你：「我究竟為何而活？」、「我在這世上的角色是什麼？」、「我該朝何處前進？」、「我該如何打造幸福人生？」，以及最重要的，「怎麼做才能活出如KIN一般的精采人生？」

我相信肯定有許多人都能藉由這套「MASAYUKI式星際馬雅13月亮曆占星術」，邁向幸福燦爛的人生。

Chapter 3

了解「星際馬雅13月亮曆占星術」時的必知詞彙

在透過星際馬雅13月亮曆占星術進行命理之前，必須先認識幾個重要詞彙。或許各位過往從未聽過這些詞彙，就讓我來向各位逐一講解吧！

星際馬雅13月亮曆占星術中最重要的詞彙——「KIN」是什麼？

本書截至此章已多次提及「活成KIN的模樣」，我認為這是此書最重要的一句話，能夠幫助你理解星際馬雅13月亮曆占星術，並成功改變命運。

在星際馬雅13月亮曆占星術裡，每個人天生都擁有「KIN」。KIN代表著自己的天命，又稱作「星系印記編碼」。數字從1到260，每人皆配有一個數字，你無法改變你的KIN，因此可以說，你擁有無可取代的命運。

我們能夠藉由KIN了解一個人生而至此的原因，以及他的此生的使命，甚至還能知道一個人擁有的才華、思考模式、感情觀與健康狀況。

那麼，究竟KIN是如何決定出來的呢？

答案是我們的出生年月日。換言之，你的生日決定了你的命運。甚至可以說，你在無意之間選擇了你的出生日期，決定了你自己的命運。

KIN即是你的「宇宙誕生日」，明白這點之後，你就能運用星際馬雅13月亮曆占星術進行命理了。

KIN的具體計算方法將於30頁向各位講解。在此之前，請先謹記，若你能重視你的KIN，你將能從這組數字中獲益良多。

「活出KIN的模樣」
會是什麼樣子？

在明白KIN的概念之後，相信有人一定會好奇——「如果兩人擁有相同的KIN，是不是代表兩人會走出一模一樣的人生呢？」其實這個問題沒有標準答案。

光是兩人擁有相同的KIN，就已經是莫大的奇蹟了。不過，無庸置疑的，這兩個人絕對擁有相同的命運與課題。

只是，就我過往協助一萬名以上的人進行命理的經驗而言，即便兩人擁有相同的KIN，人生也將截然不同。有人平步青雲，有人身陷逆境。為何兩人明明擁有相同的KIN，卻會過上大相逕庭的人生呢？其實，這端看他們「是否有善加運用自己的KIN」，也就是「他們有沒有活成KIN的模樣」。

我發現許多置KIN於不顧的人，都不明白自己的使命與能力，因此選擇了和預設的靈魂課題相異的人生道路，甚至忘了愛與感謝，過上違反宇宙法則的生活。

為了讓各位活成KIN的模樣，我推導出了一套公式——是否遵循KIN所安排的命運過活、內心是否常懷愛與感恩、以及選擇及處境，都將影響我們能否活成KIN的模樣。因此，生活方式X心態X選擇及處境＝你的命運。

「MASAYUKI式星際馬雅13月亮曆占星術」的真諦，即是透過淺顯易懂的方法，引領你活成KIN的模樣，展現真實的自我。

遵從宇宙的節律
「卓爾金曆」展開生活

現今，我們依循著「公曆」這套適用於文明社會的太陽曆來過活。世界上大部分的國家都是使用公曆，而日本是從西元一八七三年開始使用這套曆法。如同各位所知，撇除閏年不談，1年共12個月，總計365天。而1天有24小時，1小時有60分鐘，1分鐘有60秒。我們每個人都依循「12」和「60」的節律生活。但在星際馬雅13月亮曆占星術的世界裡，則是使用16頁所提及的宇宙節律——「卓爾金曆」。

在卓爾金曆中，時間的計算是以「13天X20次循環＝260天一個週期」為基礎，十分重視「13」和「20」組合出的節律。

一般而言，13被認為是不吉祥的數字。但在古馬雅人眼裡，天界位於世界的第13層，因此13被尊崇為神聖的數字。舉例而言，地球一共有13個被稱作「脈輪」的能量中心、女性一年總共會經歷13次月事等，13可是和宇宙連結的崇高數字。

20也是。手指頭與腳趾頭合計共有20根、構成蛋白質的主要胺基酸共有20種，每圈DNA螺旋含有10對鹼基對（共20個鹼基）等等。20是個和人體的構成息息相關、極其神秘且深藏宇宙奧秘的數字。

因此，依循基於宇宙節律立定的卓爾金曆生活，將能更貼近宇宙法則。

若想開運，
就必須了解至關重要的「共時性」

此章想向各位介紹「MASAYUKI式星際馬雅13月亮曆占星術」中十分重要的一則概念——「共時性」。

如同前文所述，現在社會是依循公曆生活。

但是，星際馬雅13月亮曆占星術中使用的是260天為一週期的卓爾金曆，這是個和宇宙法則息息相關的曆法。

換言之，只要依循卓爾金曆過活，你將能輕鬆遵循宇宙法則，也就能引發「共時性」，即能輕鬆發揮「吸引力法則」。

大家是否有經歷過「共時性」呢？

譬如，當你想著某位朋友時，突然就收到該位朋友寄來的郵件等等。

這樣的巧合被20世紀心理學家卡爾・榮格命名為「共時性」。

「共時性」其實是「有意義的巧合」，絕非偶然，因為這可是宇宙捎來的訊息。

其實，宇宙每天都傳遞許多訊息給我們。無論是你在無意間看見排列重複的數字，或是一路上完全沒有遇到任何紅燈等，皆是宇宙的來訊。

只要能夠注意這些訊息，你就能增加遇上「共時性」的機會，有時候甚至能輕輕鬆鬆心想事成。

就讓我們善用星際馬雅13月亮曆占星術，增加自己碰上共時性的機會吧！

透過「20種圖騰」認識真實自我

在利用星際馬雅13月亮曆占星術進行命理之前，必須得先說明何謂「20種圖騰」。

前文提及，對古馬雅人來說，20是別具意義的數字。其中一個重大的原因，是因為他們相信「宇宙存在20位神祈」，而20種圖騰便明白地展現出這樣的信仰。

20種圖騰的名稱皆由一個顏色搭配一個關鍵字組合而成，譬如「紅龍」、「白風」、「藍夜」、「黃種子」等。取名概念和西洋占星術中的「牡羊座」、「金牛座」相似。

每個人生來在世都擁有兩種圖騰（如果擁有兩個一樣的圖騰的話，則視為只擁有一種圖騰）。

為何是兩種呢？

因為人類擁有顯意識和潛意識，而星際馬雅13月亮曆占星術各賦予兩者一種圖騰（角色），詳情請參見24頁。

進行命理時，各位可以透過30頁的步驟，來找出自己擁有的圖騰。

而每個圖騰都有自己象徵的宿命，除此之外，我們還可以從中了解自己的才能、愛情觀等，了解自己在這世上究竟扮演著什麼樣的角色。

何謂顯意識（＝主印記）和潛意識（＝波符）？

人類的意識分為「顯意識」和「潛意識」，這則理論想必各位耳熟能詳。

「顯意識」指的是「有意識」的想法，和掌管語言與思考的左腦有關，主理我們現實生活中的思緒和行動。

而「潛意識」指的是「無意識」的想法，為潛藏於深處的意識，和與空間、直覺、感受關係緊密的右腦，以及視覺、聽覺、嗅覺、味覺和觸覺這五感，還有第六感、宇宙有關。

乍聽之下可能會認為浮出意識表面的顯意識在大腦中占比較多，但實質上只占了3～10％，無法察覺的「潛意識」反而占比90～97％。

在星際馬雅13月亮曆占星術裡，分別稱作「主印記（顯意識）」和「波符（潛意識）」，命理時則稱為「表」與「裡」，兩者各配有一種圖騰，分別代表一種角色。

普遍認為，只要平衡活用兩者，就能將自己的能力發揮得淋漓盡致。因此，我們必須了解如何運用我們幾乎無法察覺的潛意識。

一般占卜時常聚焦於顯意識，而星際馬雅13月亮曆占星術的一大特徵，就是也將能夠連結宇宙的潛意識一併納入討論。

現實世界
（三次元）
表
主印記
＝顯意識
（3～10%）
左腦、語言腦、資訊、思考
分析、容易於現實生活中察覺
① 活成KIN的模樣
② 找回原來的自己
③ 讓潛意識充滿愛
④ 選擇讓靈魂興奮的道路
⑤ 常說「謝謝」、「感恩」等
能量高頻的用語
⑥ 化「興趣」為工作
裡
波符
＝潛意識
（90～97%）
右腦、空間、感性、直覺、本質
過往記憶、內在、靈魂
宇宙
（四次元）

活用「波符」（潛意識）的方法

據說有許多成功人士都能靈活運用潛意識，只是，若不明白運用的方法，即便渴望察覺並活用平時潛藏深處的潛意識，也只會窒礙難行。

事實上，活用潛意識是有技巧的，只需要透過訓練和轉換心態，就有機會成功。

首先，請查詢自己的「波符（潛意識）」，好好認識一下自己原本的模樣。

接著，請改變自己的工作和待人處事態度，讓自己的行動與波符象徵的才能及使命相符。還有一點非常重要，那就是我們必須選擇自己直覺「喜歡」的工作。

在此，我希望各位留意——請別否定現階段的自己，也請避免抱持悲觀的心態。你必須無畏改變，接納自己原本的模樣，包容自己的缺點，好好珍愛自己。

再者，波符（潛意識）十分注重我們的靈感，只要直覺感受到自己的靈魂欣喜若狂、不自覺興高采烈，就請著手嘗試，千萬別躊躇不前。

最後一項重點，你必須對所有的行動和思維滿懷「愛與感恩」，常說「謝謝」即為作法之一。

只要這麼做，波符（潛意識）便能時常連結宇宙，並發揮最大功效。

Chapter 4

「星際馬雅13月亮曆占星術」的命理指南

終於要來使用「MASAYUKI式星際馬雅13月亮曆占星術」進行命理了。為了讓各位明白這套超越一般占卜的占星術精髓，此我將會依循流程，帶領各位領略箇中奧祕。

「MASAYUKI式星際馬雅13月亮曆占星術」的

命理方法

1

閱讀30頁的解說，推算出自己的「KIN」，並根據KIN找出對應的「主印記（顯意識）＝表」和「波符（潛意識）＝裡」。

「KIN」又稱作星系印記編碼，共有260組。首先，你必須計算出自己的KIN，並將這組數字牢記在心，因為當你和宇宙同頻共振時，你將能經常於生活中悄然瞥見這組數字。而且，你也能藉由KIN對應的兩張圖騰了解自己與生俱來的宿命。請謹記，無論是主印記（表）或是波符（裡），都是自己不可或缺的一部分。

2

先翻查「主印記（顯意識）＝表」的解說

接著，先從了解自己的「主印記（顯意識）＝表」所代表的含意開始。請閱讀解說，思考並分析自己已知及未知的部分，相信有許多描述你早已有自覺。

3

再翻查「波符（潛意識）＝裡」的解說

下一步，請查閱自己的「波符（潛意識）＝裡」所代表的含意。波符象徵著潛意識，因此你容易在閱讀解說的過程中發現許多未曾察覺的自己。請和現在的自己相比，找出差異，並分析背後的原因。

4

綜合解析主印記（表）和波符（裡）

無論是主印記（表）或波符（裡），都代表著自己。當然，主印記和波符的圖騰也有可能一模一樣。唯有將兩者融入自己的生活方式，才能依循宇宙法則度日。因此，請盡可能理解文章內容，接收其中的訊息。

5

查找心儀對象的圖騰

透過「星際馬雅13月亮曆占星術」，我們不僅能了解自己，還可以運用相同方法計算他人的KIN，推導出對方的主印記（表）和波符（裡），知曉其命運與本性。若想確認自己和對方是否合拍，可以參考第34頁的圖表。

命理小訣竅

在執行「星際馬雅13月亮曆占星術」時，務必抱持著「為了探索自己真實模樣」的心態，而非和進行一般命理時一樣，以準確與否評判命理結果。當你發現目前的自己和圖騰象徵的模樣相差甚遠時，請調整未來的人生方向，讓自己更符合圖騰代表的樣貌，因為那才是你真實的模樣。這麼做，人生便能扶搖直上。

查詢自己的圖騰

Step 1

從**表格 A**中，找出自己西元出生年的

橫排與出生月的直排相交的欄位數字。

Step 2

將得到的數字加上自己的出生日，得出KIN。

Step 3

從**表格 B**中，找出KIN對應的主印記 表

Step 4

從**表格 C**中，找出KIN對應的波符 裡

※若相加後得出的數字超出260，請減去260。

※於閏年3/1～3/31出生的人，請將得出的數字再加上1

例）

於1968年3月1日（閏年）出生的人，

會從表格A中得出數字231。

先加上自己的出生日，231＋1＝232。

因為是閏年，所以再加上1，232＋1＝KIN233

也可以利用手機
掃描以下的QRcode，
直接查詢自己的KIN。

表格 A

＊…閏年

年	1月	2月	3月	4月	5月	6月	7月	8月	9月	10月	11月	12月
1910 / 1962 / 2014	62	93	121	152	182	213	243	14	45	75	106	136
1911 / 1963 / 2015	167	198	226	257	27	58	88	119	150	180	211	241
*1912 / *1964 / *2016	12	43	71	102	132	163	193	224	255	25	56	86
1913 / 1965 / 2017	117	148	176	207	237	8	38	69	100	130	161	191
1914 / 1966 / 2018	222	253	21	52	82	113	143	174	205	235	6	36
1915 / 1967 / 2019	67	98	126	157	187	218	248	19	50	80	111	141
*1916 / *1968 / *2020	172	203	231	2	32	63	93	124	155	185	216	246
1917 / 1969 / 2021	17	48	76	107	137	168	198	229	0	30	61	91
1918 / 1970 / 2022	122	153	181	212	242	13	43	74	105	135	166	196
1919 / 1971 / 2023	227	258	26	57	87	118	148	179	210	240	11	41
*1920 / *1972 / *2024	72	103	131	162	192	223	253	24	55	85	116	146
1921 / 1973 / 2025	177	208	236	7	37	68	98	129	160	190	221	251
1922 / 1974 / 2026	22	53	81	112	142	173	203	234	5	35	66	96
1923 / 1975 / 2027	127	158	186	217	247	18	48	79	110	140	171	201
*1924 / *1976 / *2028	232	3	31	62	92	123	153	184	215	245	16	46
1925 / 1977 / 2029	77	108	136	167	197	228	258	29	60	90	121	151
1926 / 1978 / 2030	182	213	241	12	42	73	103	134	165	195	226	256
1927 / 1979 / 2031	27	58	86	117	147	178	208	239	10	40	71	101
*1928 / *1980 / *2032	132	163	191	222	252	23	53	84	115	145	176	206
1929 / 1981 / 2033	237	8	36	67	97	128	158	189	220	250	21	51
1930 / 1982 / 2034	82	113	141	172	202	233	3	34	65	95	126	156
1931 / 1983 / 2035	187	218	246	17	47	78	108	139	170	200	231	1
*1932 / *1984 / *2036	32	63	91	122	152	183	213	244	15	45	76	106
1933 / 1985 / 2037	137	168	196	227	257	28	58	89	120	150	181	211
1934 / 1986 / 2038	242	13	41	72	102	133	163	194	225	255	26	56
1935 / 1987 / 2039	87	118	146	177	207	238	8	39	70	100	131	161
*1936 / *1988 / *2040	192	223	251	22	52	83	113	144	175	205	236	6
1937 / 1989 / 2041	37	68	96	127	157	188	218	249	20	50	81	111
1938 / 1990 / 2042	142	173	201	232	2	33	63	94	125	155	186	216
1939 / 1991 / 2043	247	18	46	77	107	138	168	199	230	0	31	61
*1940 / *1992 / *2044	92	123	151	182	212	243	13	44	75	105	136	166
1941 / 1993 / 2045	197	228	256	27	57	88	118	149	180	210	241	11
1942 / 1994 / 2046	42	73	101	132	162	193	223	254	25	55	86	116
1943 / 1995 / 2047	147	178	206	237	7	38	68	99	130	160	191	221
*1944 / *1996 / *2048	252	23	51	82	112	143	173	204	235	5	36	66
1945 / 1997 / 2049	97	128	156	187	217	248	18	49	80	110	141	171
1946 / 1998 / 2050	202	233	1	32	62	93	123	154	185	215	246	16
1947 / 1999 / 2051	47	78	106	137	167	198	228	259	30	60	91	121
*1948 / *2000 / *2052	152	183	211	242	12	43	73	104	135	165	196	226
1949 / 2001 / 2053	257	28	56	87	117	148	178	209	240	10	41	71
1950 / 2002 / 2054	102	133	161	192	222	253	23	54	85	115	146	176
1951 / 2003 / 2055	207	238	6	37	67	98	128	159	190	220	251	21
*1952 / *2004 / *2056	52	83	111	142	172	203	233	4	35	65	96	126
1953 / 2005 / 2057	157	188	216	247	17	48	78	109	140	170	201	231
1954 / 2006 / 2058	2	33	61	92	122	153	183	214	245	15	46	76
1955 / 2007 / 2059	107	138	166	197	227	258	28	59	90	120	151	181
*1956 / *2008 / *2060	212	243	11	42	72	103	133	164	195	225	256	26
1957 / 2009 / 2061	57	88	116	147	177	208	238	9	40	70	101	131
1958 / 2010 / 2062	162	193	221	252	22	53	83	114	145	175	206	236
1959 / 2011 / 2063	7	38	66	97	127	158	188	219	250	20	51	81
*1960 / *2012 / *2064	112	143	171	202	232	3	33	64	95	125	156	186
1961 / 2013 / 2065	217	248	16	47	77	108	138	169	200	230	1	31

表格 B

主印記	
KIN	KIN名稱
1	紅龍
2	白風
3	藍夜
4	黃種子
5	紅蛇
6	白世界橋
7	藍手
8	黃星星
9	紅月
10	白狗
11	藍猴
12	黃人
13	紅天行者
14	白巫師
15	藍鷹
16	黃戰士
17	紅地球
18	白鏡
19	藍暴風雨
20	黃太陽
21	紅龍
22	白風
23	藍夜
24	黃種子
25	紅蛇
26	白世界橋
27	藍手
28	黃星星
29	紅月
30	白狗
31	藍猴
32	黃人
33	紅天行者
34	白巫師
35	藍鷹
36	黃戰士
37	紅地球
38	白鏡
39	藍暴風雨
40	黃太陽
41	紅龍
42	白風
43	藍夜
44	黃種子
45	紅蛇
46	白世界橋
47	藍手
48	黃星星
49	紅月
50	白狗

主印記	
KIN	KIN名稱
51	藍猴
52	黃人
53	紅天行者
54	白巫師
55	藍鷹
56	黃戰士
57	紅地球
58	白鏡
59	藍暴風雨
60	黃太陽
61	紅龍
62	白風
63	藍夜
64	黃種子
65	紅蛇
66	白世界橋
67	藍手
68	黃星星
69	紅月
70	白狗
71	藍猴
72	黃人
73	紅天行者
74	白巫師
75	藍鷹
76	黃戰士
77	紅地球
78	白鏡
79	藍暴風雨
80	黃太陽
81	紅龍
82	白風
83	藍夜
84	黃種子
85	紅蛇
86	白世界橋
87	藍手
88	黃星星
89	紅月
90	白狗
91	藍猴
92	黃人
93	紅天行者
94	白巫師
95	藍鷹
96	黃戰士
97	紅地球
98	白鏡
99	藍暴風雨
100	黃太陽

主印記	
KIN	KIN名稱
101	紅龍
102	白風
103	藍夜
104	黃種子
105	紅蛇
106	白世界橋
107	藍手
108	黃星星
109	紅月
110	白狗
111	藍猴
112	黃人
113	紅天行者
114	白巫師
115	藍鷹
116	黃戰士
117	紅地球
118	白鏡
119	藍暴風雨
120	黃太陽
121	紅龍
122	白風
123	藍夜
124	黃種子
125	紅蛇
126	白世界橋
127	藍手
128	黃星星
129	紅月
130	白狗
131	藍猴
132	黃人
133	紅天行者
134	白巫師
135	藍鷹
136	黃戰士
137	紅地球
138	白鏡
139	藍暴風雨
140	黃太陽
141	紅龍
142	白風
143	藍夜
144	黃種子
145	紅蛇
146	白世界橋
147	藍手
148	黃星星
149	紅月
150	白狗

主印記	
KIN	KIN名稱
151	藍猴
152	黃人
153	紅天行者
154	白巫師
155	藍鷹
156	黃戰士
157	紅地球
158	白鏡
159	藍暴風雨
160	黃太陽
161	紅龍
162	白風
163	藍夜
164	黃種子
165	紅蛇
166	白世界橋
167	藍手
168	黃星星
169	紅月
170	白狗
171	藍猴
172	黃人
173	紅天行者
174	白巫師
175	藍鷹
176	黃戰士
177	紅地球
178	白鏡
179	藍暴風雨
180	黃太陽
181	紅龍
182	白風
183	藍夜
184	黃種子
185	紅蛇
186	白世界橋
187	藍手
188	黃星星
189	紅月
190	白狗
191	藍猴
192	黃人
193	紅天行者
194	白巫師
195	藍鷹
196	黃戰士
197	紅地球
198	白鏡
199	藍暴風雨
200	黃太陽

主印記	
KIN	KIN名稱
201	紅龍
202	白風
203	藍夜
204	黃種子
205	紅蛇
206	白世界橋
207	藍手
208	黃星星
209	紅月
210	白狗
211	藍猴
212	黃人
213	紅天行者
214	白巫師
215	藍鷹
216	黃戰士
217	紅地球
218	白鏡
219	藍暴風雨
220	黃太陽
221	紅龍
222	白風
223	藍夜
224	黃種子
225	紅蛇
226	白世界橋
227	藍手
228	黃星星
229	紅月
230	白狗
231	藍猴
232	黃人
233	紅天行者
234	白巫師
235	藍鷹
236	黃戰士
237	紅地球
238	白鏡
239	藍暴風雨
240	黃太陽
241	紅龍
242	白風
243	藍夜
244	黃種子
245	紅蛇
246	白世界橋
247	藍手
248	黃星星
249	紅月
250	白狗

主印記	
KIN	KIN名稱
251	藍猴
252	黃人
253	紅天行者
254	白巫師
255	藍鷹
256	黃戰士
257	紅地球
258	白鏡
259	藍暴風雨
260	黃太陽

表格 C

波符	
KIN	KIN名稱
1 ～ 13	紅龍
14 ～ 26	白巫師
27 ～ 39	藍手
40 ～ 52	黃太陽
53 ～ 65	紅天行者
66 ～ 78	白世界橋
79 ～ 91	藍暴風雨
92 ～ 104	黃人
105 ～ 117	紅蛇
118 ～ 130	白鏡
131 ～ 143	藍猴
144 ～ 156	黃種子
157 ～ 169	紅地球
170 ～ 182	白狗
183 ～ 195	藍夜
196 ～ 208	黃戰士
209 ～ 221	紅月
222 ～ 234	白風
235 ～ 247	藍鷹
248 ～ 260	黃星星

各圖騰相吸相剋對照表

〈查詢方法〉

①擁有你「支持」圖騰的人與你性格相近，容易和你成為志同道合的朋友。②擁有是你「隱藏推動」圖騰的人是你的靈魂伴侶，你和這位命定之人之間有著強烈的吸引力，容易成為師生，或發展為戀人。③擁有你「挑戰」圖騰的人與你價值觀相異，雖說如此，你們之間不一定會發生衝突，隨著互動方式不同，對方反而會成為推動你成長茁壯的關鍵人物。此外，和你擁有相同圖騰的人與你懷有相近的價值觀，容易情投意合、一見如故。

你的圖騰	①支持	②隱藏推動	③挑戰
紅龍	白鏡	黃太陽	藍猴
白風	紅地球	藍暴風雨	黃人
藍夜	黃戰士	白鏡	紅天行者
黃種子	藍鷹	紅地球	白巫師
紅蛇	白巫師	黃戰士	藍鷹
白世界橋	紅天行者	藍鷹	黃戰士
藍手	黃人	白巫師	紅地球
黃星星	藍猴	紅天行者	白鏡
紅月	白狗	黃人	藍暴風雨
白狗	紅月	藍猴	黃太陽
藍猴	黃星星	白狗	紅龍
黃人	藍手	紅月	白風
紅天行者	白世界橋	黃星星	藍夜
白巫師	紅蛇	藍手	黃種子
藍鷹	黃種子	白世界橋	紅蛇
黃戰士	藍夜	紅蛇	白世界橋
紅地球	白風	黃種子	藍手
白鏡	紅龍	藍夜	黃星星
藍暴風雨	黃太陽	白風	紅月
黃太陽	藍暴風雨	紅龍	白狗

Chapter 5

各圖騰
詳細解說

接下來此章，我將講解各圖騰的人與生俱來的使命、特質，以及開運方法。了解自己的原貌至關重要，希望各位在了解星際馬雅13月亮曆占星術後，日子能更加幸福快樂。

紅龍

魅力四射、為愛而活的領導人

透過星際馬雅13月亮曆占星術來解讀

我的原貌

表 早有自覺的模樣

花枝招展、魅力無限，令人神魂顛倒

主印記為紅龍的你擁有引人注目的華麗外表與非凡氣場。此外，滿懷母性的你總能帶給旁人依靠，令人刮目相看。只要你在場，便能驅散所有負能量，讓氣氛變得輕鬆明亮。無論身處何處，你都能奪得萬眾崇拜。若渴望將紅龍的特質發揮得淋漓盡致，內心就必須常保慈愛、感恩、自信和成功信念，建立自我形象將成為你開運的關鍵。只要滿懷自信面對任何事，便能喚醒內在魅力，龍騰四海。

裡 原本真實的模樣

以大愛包容萬物的溫柔之人

波符為紅龍的你不僅如同聖母瑪利亞一般心地仁慈，以大愛包容著世間萬物，還具有吸引一切豐盛的強大力量。你身上這股愛的力量如同磁鐵，能吸引富饒和幸運，使你獲得驚人的貴人運、事業運、戀愛運及財運，奪得人人稱羨的勝利。若希望運勢更上層樓，就必須以內心豐盈的愛灌溉人世，你的富足程度取決於你為人類社會奉獻多少的愛，而且，你內心深藏的愛與之不盡，用之不竭，因此，請別吝於付出流溢內心的大愛！

透過星際馬雅13月亮曆占星術來解讀

適合的職業＆鴻圖大展的方法

表 早有自覺的模樣

化交際手腕為武器，在華麗的職場脫穎而出

主印記為紅龍的你不僅魅力四射，還擅長無微不至地照料四周，因此常能在社交場合中脫穎而出。於職場，你也往往因為深受同事顧客喜愛，而得以成為團結人心的領導者，贏得眾人尊敬。因此，你適合將這出色的交際手腕化為武器，白手起家成為社長，或在公司體系中擔任引領團隊部門的專案經理、營運幹部。你也適合擔任店長或經理，發揮領導能力。你擁有強烈的責任感，再重大艱難的任務，都能迎刃而解。整體而言，你適合從事富麗堂皇、極需創意的職業，而非文書處理、行政工作等單調且無法發揮社交能力的行業。若渴望鴻圖大展，你可以先完成育兒工作，再以全職媽媽的身分重回職場累積資歷，如此一來，你將能過上公私生活皆心滿意足的人生。

適合的職業

企業家、創意類工作、公司幹部、演員、模特兒、育幼人員、保險業務。

裡 原本真實的模樣

德高望重的指導人員、教職人員

波符為紅龍的你大愛且正直，適合擔任教職人員或指導人員。你的行動力超群，又極富迷人魅力，加上工作能力出類拔萃，往往能贏得眾人的敬重。此外，你也是一名實力優秀的業務人員，有機會年紀輕輕就交出亮眼的成績，於業界嶄露頭角，贏得掌聲。同時，你也具備優秀的創造能力，擅長無中生有，因此適合開創新事業。你尤其能在教育業中一展長才，若進入公司體系，也能勝任培育下屬的主管或管理職位，以管理階層幹部等指導人員的身分發光發熱。若自立門戶，也很有機會成功。若渴望鴻圖大展，就必須早日習得擔任教育人員或指導職所需的技能。當然，持續以一線人物的身分活躍業界固然不錯，但對你而言，培育人才更具成就感。若渴望職涯更上層樓，請務必以成為指導人員為目標，努力向前邁進。

適合的職業

實業家、創業家、業務員、醫師、護理師、醫療人員、教育人員。

透過星際馬雅13月亮曆占星術來解讀

遇見正緣的訣竅&匹配的結婚對象

表 早有自覺的模樣

不要太拘泥於標準！

主印記為紅龍的你擁有吸睛的婀娜外貌，身為萬眾寵兒的你，一向是愛情的勝利組。不過，你也因此懷有強大的自尊與自信，希望戀人與伴侶能夠符合自己的高標準。

但實際上，真正觸動你內心的往往不是對方優秀的條件，而是雙方能欣賞彼此的內在與個性。高貴的名牌包、名車或名戒也許能一時擄獲你的芳心，卻永遠滿足不了你的心靈。若希望婚姻生活幸福快樂，就必須避免因對方條件不盡人意就果斷推開對方。請試著切換視角，以謙虛的心欣賞對方的特質。與其選擇因你的外表和能力仰慕你的人，不如與願意守護並愛護你脆弱一面的人共築家庭，這樣子才能擁有幸福美滿的婚姻。

和主印記為「紅龍」的男生順利交往的方法

主印記為紅龍的男生儘管帥氣凌人，卻有些自我中心，因此，你必須讓他充分展現領導能力。另外，他的自尊心高強，所以絕對不能否定他。

裡 原本真實的模樣

選擇懂得回應你的愛的人

波符為紅龍的你生來便帶著愛的議題，因此，你此生最大的特點，就是會不停從戀愛、婚姻與育兒的過程中修習愛的課題。也因為如此，家庭往往是你幸福的源泉。你很有機會能夠創建幸福美滿的家庭，不過，前提是你必須審慎選擇你的伴侶。一旦組成家庭，伴侶和孩子將會成為你生活中無法割捨的重心，若渴望步入幸福的婚姻，就必須選擇在你付出愛時懂得回報，而且心胸寬大的對象。要是選擇視你的付出為理所當然、忘恩負義的人，將會斷送愛的循環。此外，成為母親後，你將會散發強烈的母愛，渴望全心全意照顧孩子，因此，如果希望建立雙薪家庭，請務必事先和伴侶討論協議。

和波符為「紅龍」的男性順利交往的方法

在20種圖騰中，波符為紅龍的男性用情最深，也最渴望彼此互愛。因此，你必須善加表達自己的愛，無需擔心會造成對方的負擔，就算稍微約束對方其實也無妨。

透過星際馬雅13月亮曆占星術來解讀

幫助開運的小習慣＆生活方法

表 早有自覺的模樣

無畏風險，勇往直前

主印記為紅龍的你宛如龍的化身，因此，你總是無懼風險，勇往直前。若能懷著愛與勇氣全力以赴，無畏失敗，便得以開創嶄新人生。相反地，如果保守被動、故步自封，將使你的運氣急轉直下。所以，請積極與人往來，並認真行事。你和社會有著難以割捨的深厚連結，能否遇見貴人、取得好工作，將影響你的命運走向。即便挑戰的路上挫折連連，也請將其視為寶貴教訓，引以為鑒。由於你的主印記圖騰名稱含有「龍」字，因此，參拜供奉龍神的神社將能提升你的運氣。看見龍形狀的雲，或是攜帶畫有龍的小物，也將使你的運氣高漲。只要讓龍神成為你的後盾，你就能獲得好運體質。

裡 原本真實的模樣

培養感恩的心

波符為紅龍的你若渴望獲得好運，就必須心懷感激。感恩和愛一樣，皆具有為人生注入豐盛的能量。只要平時多加留意生活中的小確幸，就能慢慢培育出一顆感恩的心。有時，你可能會不經意展露傲慢，因此，請練習謙遜地表達感謝，唯有如此才能大幅扭轉你的命運。生來在世，能夠擁有摯愛的陪伴、健壯的身軀、滿意的工作、飽足的一餐，並且自由地呼吸空氣，雖然看似稀鬆平凡，其實卻是一連串的奇蹟，而非理所當然。既然怨天尤人容易導致運勢下滑，不妨試著將值得感謝的事情記錄下來，或積極向他人表達謝意。當愛與感恩在你心底萌芽時，你將能獲得強運，人生也將否極泰來。

紅龍
的
關鍵字

具備的基本特質

率領眾人的領袖魅力

仁慈的母性光輝

熱血且善於溝通

喜歡照顧他人，十分疼惜孩子

注重健康

此生的職責

給予需要愛的人滿滿的愛

快樂座右銘

「施比受更有福。」

隨身開運小物

龍神御守

鴻運當頭的前兆

看見龍狀的雲

接獲家人的來訊或來電

渴望散播內心的愛

開運場所

家人居住的地方、老家

適合結識為友

白鏡

適合發展戀情

黃太陽

引領你成長茁壯

藍猴

白風

敏感細膩、心地善良的類型

透過星際馬雅13月亮曆占星術來解讀

我的原貌

表 早有自覺的模樣

傳遞內心纖細感受的信使

在20種圖騰中，主印記為白風的你心思最為縝密，能夠敏銳地捕捉形形色色的感受。你情緒起伏鮮明，對世界的變化極其敏銳。因此，你時常受到周圍能量的影響，難以掌控自己的情緒，有時忽然狂喜，有時又忽感孤寂。不過，會有這樣的情緒波動代表你生性溫柔，能精準讀取他人的心思。你甚至具備優秀的靈性能力，能夠連結宇宙及神明，並成為代言人，替祂們傳遞訊息。你此生的使命，便是將自身的感受化為言語，傳達世人。

裡 原本真實的模樣

肩負表達使命的藝術家

波符為白風的你是名天生的藝術家，注定要於世間表達想法。於20種圖騰中，你的表達能力最為精湛，若能藉由唱歌、演奏樂器、跳舞、演戲、寫作、創作藝術或運動等靈魂喜愛的事情來展現自我，你將能大放異彩。你擅長運用右腦勝過左腦，重視感受勝於思考。因此，你很有潛力成為藝術家或藝人，只要善加磨練感知能力，便能使你的才華更加大鳴大放。即使身處嚴肅職場，當名上班族或公務員，你也能透過發揮創意，開闢出獨到的工作之道。只要找到自己獨特的表現方式，你將能獲得好運。

透過星際馬雅13月亮曆占星術來解讀

適合的職業&鴻圖大展的方法

表 早有自覺的模樣

能在需要出色溝通能力的領域裡發光發熱

主印記是白風的你非常適合需要出色溝通能力的工作。你擅長表達情緒和想法，因此，無論是在人群面前推銷新產品，或是傳遞扣人心弦的語句，你都能完美勝任。而且，你總能敏銳地察覺到對方的心緒，工作時，往往會先理解並共情他人，再決定下一步行動。因此，你相當適合從事業務、接待、服務業、各式諮詢工作、主持、占卜、諮商或教練等職務。若渴望鴻圖大展，則必須善加鍛鍊溝通能力，讓自己說話時更能引起他人共鳴。於商業領域裡，溝通能力不可或缺，我們必須學會聆聽他人，而非一味表達自己。只要懂得專心傾聽客戶和交易對象，無論從事什麼工作，你都能贏得好評。

適合的職業

業務員、接待人員、服務業、主持人、占卜師、諮商師、教練。

裡 原本真實的模樣

為世界帶來感動的表演者

波符為白風的你富有表演天賦，適合成為藝術家或創作者，運用豐富的情感，於藝術領域展現非凡長才。你纖細敏銳，感受力強，擅於細膩捕捉人世的微妙變化與人心的情感起伏，因此，你能夠透過創作表達人們的渴望，或藉由音樂、藝術等媒介傳遞重要訊息，帶給世人共鳴與悸動，贏得崇高評價與名聲。此外，你財運亨通，若能透過積極參與商業活動重啟半途而廢的計畫，或簽訂新契約，將能幫助你改善金流。收入增加不僅能豐厚你的財庫，還能使你輕鬆心靈與精神世界，對靈性領域的興趣也將隨之提升。若能注重精神層次，而非單純追求地位、物質或金錢，你將能順勢取得一席之地。

適合的職業

藝術家、創作者、諮商師、音樂家、作家、演員。

透過星際馬雅13月亮曆占星術來解讀

遇見正緣的訣竅&匹配的結婚對象

表 早有自覺的模樣

選擇聊得來的另一半

主印記為白風的你，和另一半之間絕對不能缺少對話，若希望建立穩固的伴侶關係，就必須頻繁與對方溝通。你非常渴望被傾聽、被理解，因此，和對方互相分享每天的生活點滴，或任何開心寂寞的情緒，將能促進感情升溫。即便彼此感情穩定，也務必特別騰出對話時間，如此一來，才有機會建立幸福的婚姻。另外，對話能確認彼此的愛意，因此，請透過簡短的電話或訊息與對方保持聯繫。缺乏交流，或對方不再耐心傾聽，往往會令你孤單寂寞，進而不信任對方。然而，請避免就此跑去尋找願意聆聽自己的對象，甚至另尋其他男性來撫慰內心的寂寥，這將可能成為感情的裂縫，務必小心留意。

和主印記為白風的男生順利交往的祕訣

主印記為白風的男生容易因小事而傷心，情緒波動較大。外表看似堅強，內心卻十分纖細柔弱。若對他態度冷淡，將會令他備感不安，因此，請熱情地給予他回應。

裡 原本真實的樣貌

讓你感到安心的，就是命中註定的人

對波符為白風的你而言，另一半是你的心靈寄託，身邊擁有一位相處起來放鬆自在的人，才能令你活得安穩踏實。你容易受性格相近、情感相契的人吸引，因此，和你擁有相同嗜好，並且能夠藉此一同享受歡樂時光的人，將會是你的理想伴侶。舉例而言，兩人一同窩在咖啡廳談天說地、在飯桌旁分享今日點滴、邊欣賞電影邊閒聊、漫步於大自然裡，或和盆栽與寵物聊天等，這些平凡的日常往往令你快樂無比。與喜歡的人一起待在舒適的空間裡漫度時光，將能安定你的身心，使你幸福洋溢。若兩人獨處時，你無法感到安心自在，甚至有些不適的話，便代表此人並不適合你。唯有在你無論開心或寂寞的時候，都能傾聽並理解你的人，才是你的命定情人。

和波符為白風的男生順利交往的祕訣

波符為白風的男生容易感到寂寞，總是希望另一半隨時待在身邊。所以，請務必透過郵件、電話或LINE多加聯絡他，關心他的近況，傾聽他的想法。

裡

透過星際馬雅13月亮曆占星術來解讀

幫助開運的小習慣＆生活方法

表 早有自覺的模樣

釋放負面情緒，保持正向開朗的心

主印記為白風的你容易因身心狀況影響命運。若心態正面積極，生活將能暢快欣喜，然而一旦情緒低落憂鬱，運氣便會急轉直下，陷入惡性循環。若你不自覺感到煩惱鬱悶、遲遲無法平復情緒，甚至發現自己無法發揮看家本領，即代表你的內心正在發出求救訊號。此時，千萬別視而不見，應當放聲大笑、痛快大哭，或在筆記本寫下當前的心情等，大肆宣洩情緒。而在釋放完負面情緒，身心舒暢後，別忘了執行幾次深呼吸，讓自己恢復好心情，也可以選擇前往空氣清新的地方，深呼吸幾口新鮮空氣，或透過唱歌、跳舞來提振精神。

裡 原本真實的樣貌

重視你的靈感，養成整頓心靈的習慣

波符為白風的你在表達內心感受時，靈魂最為閃耀動人，相反地，若你避而不談，便會逐漸喪失情感，並感覺自己難以一展長才。這股感受其實是源自靈魂的吶喊，對你而言，靈感與感受比頭腦得出的結論更為重要。為促使靈感源源不絕，你必須停止用腦思考，轉而重視自身的感覺。透過與內心對話，在日常生活中養成整頓心靈的習慣，將能幫助你找回平靜。請試著閉上雙眼，透過冥想、瑜珈來傾聽內心的聲音吧！ 這麼做，你將能獲得當下所需的靈感與訊息。

白風的關鍵字

具備的基本特質

情感豐富，為眾人的信使

擁有優秀的溝通能力與高超的共感能力

懷有藝術天分，表現力豐富

擅長化解心靈煩惱

財運亨通

此生的職責

向眾人傳遞重要訊息

快樂座右銘

「傾聽內心的聲音。」

隨身開運小物

耳機

鴻運當頭的前兆

渴望與他人積極對話

不再急促地呼吸

靈感迸發

開運場所

空氣清新的能量景點

適合結識為友

紅地球

適合發展戀情

藍風

引領你成長茁壯

黃人

藍夜

將腦中世界具象化的顯化大師

透過星際馬雅13月亮曆占星術來解讀

我的原貌

表 早有自覺的模樣

為夢想與理想而生的理想主義者

主印記為藍夜的你此生的關鍵字是「夢想」。你是為夢想與理想而生的理想主義者，暗藏20種圖騰中最強的顯化能力，能幫助他人實現夢想。若你渴望人生一帆風順，就必須實現他人的心願，陪同他人追尋夢想。若你的夢想正與此相契，宇宙便會成為你的後盾，適時送上好運。現代人普遍胸無大志，正因如此，你更應該率先成為榜樣，鼓舞眾人追逐願景與理想，在有人失去作夢的能力時，陪同他栽下夢想的種子，即便微不足道也無妨。你心中肯定也在愛情、工作、學習、家庭、財富、健康、友誼和人生體驗等人生各個方面懷抱眾多理想。請試著寫下100則渴望成真的夢想，完成後，你將能明瞭自己此生的嚮往。

裡 原本真實的模樣

所有的學習都能化為夢想與職涯的養分

波符為藍夜的你是名專注於現實世界的現實主義者，與理想幾乎絕緣。你總是以現實的角度看待一切，時常給人冷酷的印象。然而，你擁有出色的適應能力，對經濟活動也極其敏銳，在資本主義的社會裡簡直如魚得水。你很有可能出身自商業世家或豪門，或從小便開始協助家中事業，因此耳濡目染之下，自然而然掌握了工作技巧，步入社會後便得以迅速嶄露頭角。如今，女性發光發熱的時代即將來臨，同時，我們也邁入了人生百年時代。若能以鴻圖大展為目標，將有機會開創一段精彩有趣的人生旅程。

透過星際馬雅13月亮曆占星術來解讀

適合的職業＆鴻圖大展的方法

表 早有自覺的模樣

幫助他人實現夢想的職業即為你的天職

主印記為藍夜的你適合從事引領他人發掘志向、協助他人實現夢想的職業。你擁有20種圖騰之中最強的顯化能力，若能把協助他人夢想成真當成自己的志願，你將能獲得強大的力量。相反地，若一味追求私利，你將無法發揮潛能。因此，倘若工作不順時，請務必審視自己是否過於自私自利。你適合從事教師、運動選手、飛行員、太空人、藝人、演員、音樂家、老闆、教練、訓練師或顧問等眾人憧憬的工作。若渴望鴻圖大展，就必須設立遠大的夢想及目標，並懷抱超越常人的浪漫情懷，踏實逐夢，切勿只是空想。當你幫助他人實現夢想的同時，你也將獲得足以實現任何願景的能力。

適合的職業

教師、運動選手、飛行員、太空人、藝人、演員、音樂家、老闆、教練、訓練師、顧問。

裡 原本真實的模樣

能在經濟、管理和商業領域發財致富

波符為藍夜的你擁有無懈可擊的商業頭腦，而且，你可能本身即成長於商業世家或豪門，與金錢和經濟有著深厚的緣分，也很有潛力白手起家，透過投資與活用資產壯大事業，成為有錢人。即便學生時期對商業興趣缺缺，踏入社會後，也肯定有機會因接觸商業而大放異彩。若你立志成為麻利幹練的工作強人，那這條路正巧適合你，請務必專心致志打拚事業。若渴望鴻圖大展，可以考取證照或就讀研究所，也推薦參拜掌管學問的神祇或稻荷神。你生來財運亨通，因此，請別著眼於個人利益，而是透過自主經營的事業，為社會帶來富饒。若能抱持此想法，你的事業運將能節節高升，吸引更多豐盛與成功。

適合的職業

實業家、商人、會計師、記帳士、財務規劃員、金融相關人員。

透過星際馬雅13月亮曆占星術來解讀

遇見正緣的訣竅&匹配的結婚對象

表 早有自覺的模樣

勇於面對事實，杜絕癡心妄想

主印記為藍夜的你是名無可救藥的浪漫主義者。喜歡癡心妄想的你憧憬著理想戀情，不僅內心滿懷幻想，相信理想中的白馬王子總有一天一定會出現，也容易追求只會出現在少女漫畫裡的夢想戀情。有時，即便和憧憬的理想對象順利交往，一同生活的過程中，也往往會因為現實的緣故，澆熄這百年難得一遇的戀情。而且，你也常因現實和自己設下的崇高條件不符而苦惱不已。請謹記，現實是殘酷的，絕對不可能會有百分之百完美的另一半。若渴望踏入婚姻，就必須接納現實，避免執意追尋完美的對象，而是抱持相遇即是有緣的心態，參與聯誼活動或相親。若老是巴望白馬王子出現，很可能會錯失良緣喔！ 請務必小心注意。

和主印記為藍夜的男生順利交往的方法

主印記為藍夜的男生是為夢而活的夢想家，生性浪漫，喜歡談論夢想。若你能支持喜歡天馬行空的他，鼓舞他完成夢想，對他來說是至高無上的喜悅。在他心情低落時，若能善加鼓勵，支持他勇敢逐夢，將能拉近彼此之間的距離。

裡 原本真實的模樣

即使是初次見面，也務必敞開心胸

波符為藍夜的你生性害羞，不擅於坦露內心想法，因此往往無法對初次見面的對象敞開心扉，必須在確定對方值得信賴與放心之後，你才會逐漸卸下心防。內向的你鮮少一見鍾情，大多會希望先和對方從朋友開始慢慢培養感情，再進一步發展為戀人。你不擅長參與人多熱鬧的相親活動或派對，當陌生人侵犯你的界限時，你也會反射性地關上心門。相較之下，在人數較少的酒局中，你更能打開話匣子，你也較容易和朋友介紹的對象自在談天，進而成為情侶。不擅長對好感對象表達愛意的你，勢必需要花費一段時間，才能步入感情與婚姻，若能更加敞開心房，勇於表達自身的想法，將更有機會收穫甜美的戀情。

和波符為藍夜的男生順利交往的方法

波符為藍夜的男生不擅交際，也不喜歡眾人一同出遊等熱鬧的活動。假日時，比起外出購物，更喜歡宅在家耍廢。不過，他相當珍惜兩人獨處的時光，只是對積極熱情的女生而言，相處起來可能會有些無趣。

透過星際馬雅13月亮曆占星術來解讀

幫助開運的小習慣＆生活方法

表 早有自覺的模樣

將夢想與目標具體化為文字或影像，並告訴他人

主印記為藍夜的你只要懷抱夢想，勇敢前行，就能獲得好運。你擁有20種圖騰之中最強的顯化能力，能將心願與幻想具象化為現實。若渴望開運，就必須具體描繪自己的夢想與目標，並鮮明地想像自己未來的模樣。請試著於腦中清楚刻畫自己一年後、三年後、十年後渴望成為的模樣。若具體寫在筆記本或手帳中，而非只在腦中聯想，將能提高實現的機率。若希望運氣更加一飛沖天，請務必養成與他人分享願景的習慣。如此一來，你將能為自己招攬機會，夢想也將逐一實現。

裡 原本真實的模樣

保持開放的態度

波符是藍夜的你低調神祕、內向含蓄，喜歡深入探索自己，卻又不輕易向人袒露內心。這樣的個性若負向發展，將導致你足不出戶，最後與他人斷絕往來。若渴望獲得好運，就必須和他人積極來往，為夢想打拚。因此，請試著敞開心房，騰出更多時間與他人交流，與社會接軌。若你不擅交際，卻希望一改內向性格，我推薦你可以前往海外旅行或短期留學。海外大部分都是外國人，或許在海外生活，將能令你自然而然敞開心扉。

藍夜
的
關鍵字

具備的基本特質

能帶給他人夢想與希望
能堅定踩著自己的步調
生性浪漫，理想崇高
擅於管理金錢，擁有精明的商業頭腦
財運亨通

此生的職責

幫助他人實現夢想

快樂座右銘

「夢想一定能成真。」

隨身開運小物

心智圖

鴻運當頭的前兆

做了場好夢

中獎

看見流星

開運場所

天文館

適合結識為友

黃戰士

適合發展戀情

白鏡

引領你成長茁壯

紅天行者

黃種子

聰明絕頂、博學多聞
20種圖騰中的智多星！

透過星際馬雅13月亮曆占星術來解讀

我的原貌

表 早有自覺的模樣

兼具知性與教養的知識份子

主印記為黃種子的你具備卓越的知識與教養。博學多聞的你聰慧過人，擁有超群的智力。也許，你自幼就熱愛閱讀，甚至十分擅長讀書，總能如海綿般吸取廣大知識，是20種圖騰當中最聰明伶俐的智多星。你此生的職責，即是運用自己過人的智慧與教養引領人類進步。所以，請試著思考自己可以如何改善人類的生活與社會，並在自己有興趣的領域貢獻一己之力。即使現今仍未尋得感興趣的事情也無妨，只要循序漸進，必定能勾勒出你專屬的未來藍圖。「觀察」至關重要，即便是再細微的事情，也請務必多加留意。

裡 原本真實的模樣

激發他人潛能與長才的專家

波符為黃種子的你是激發他人潛能、發掘他人長才的專家。你擅長從各個角度切入，進行全方位的剖析，藉此找出他人更擅長的事情、更適合的環境，以及更能一展長才的途徑。你特別熱衷於自己興趣濃厚的領域，擁有打破砂鍋問到底的研究者精神，只是，你對自己的認識甚淺，經常會猶豫不決，過度思慮，因而跌入思考的深淵。請善加發揮自己的特質，投身研究、教育或企劃活動，點燃他人的熱情，發掘他人的才華與潛力吧！

透過星際馬雅13月亮曆占星術來解讀

適合的職業＆鴻圖大展的方法

表 早有自覺的模樣

運用智慧與創意帶領人類進步

主印記為黃種子的你最適合從事運用智慧與創意帶領人類社會進步的工作。你自幼便求知若渴，喜歡閱讀與學習新知。因此，你很有可能記憶力超群，相當擅長讀書，成績總是名列前茅。即便就讀頂尖學校、從事高薪工作也不足為奇。你擅長分析四面而來的知識與資訊，並運用邏輯進行整合，適合從事律師、會計師、銷售企劃、工程師、程式寫手、學者或教師等需要推理思考的職業。選擇運用習得的知識幫助人類社會的行業不僅能讓你發揮長才，還能令你找到熱情所在。此外，你也擁有十足的創意，能構思出意想不到的創新發想，所以，你也很有機會在創意產業脫穎而出。而且，天資聰穎的你往往能獲得眾人的尊敬，自然而然能拔得頭籌。

適合的職業

律師、會計師、銷售企劃、工程師、程式寫手、學者、教師。

裡 原本真實的模樣

能以爐火純青的專家之姿 大展鴻圖

波符為黃種子的你適合在得以一展長才的行業裡成為專家。你喜歡深入探索感興趣的領域，專注追查事物背後的原委，直到真相水落石出。而擔任研究人員，成為深入研究特定領域的專家，正能發揮這項才華，創下豐功偉業。舉例而言，你很有可能發明出治療絕症的藥物，或是取得艱難的學位等。不過前提是，你必須選擇能夠施展先天好奇心的職業。此外，你也擅長找出改善事物的方法，以及幫助他人成長，因此，你也適合成為製作人或投入教育界，擔任給予他人建議、引領他人進步的角色。不過，由於你做事深思熟慮，總會在消化理解之後才採取行動，因此步調較為緩慢。無論如何，在職涯發展的路上，都請保持沉著穩健的步伐，努力成為一名知識專精、德高望重的人物吧！

適合的職業

研究人員、專業人士、製作人、教育人員、護理師、工程師、程式寫手。

裡

透過星際馬雅13月亮曆占星術來解讀

遇見正緣的訣竅&匹配的結婚對象

表 早有自覺的模樣

請選擇和自己一樣沉著穩重的理性對象

主印記為黃種子的你在感情中較為理性。比起感性表達內心，你更擅於表明邏輯理論，就連決定看什麼電影，都需要明確的理由。你天資聰穎，因此很有機會擁有高學歷，從事高薪的白領階級工作，條件十分優秀。你通常不會對他人一見鍾情，往往會先觀察對方的思想、價值觀、興趣和嗜好等內在特質後，才對對方產生好感。你會善加思索喜歡對方的理由，直到確定心意才向對方示好、展現關懷，也會在喜歡上對方後，才渴望深入掌握對方的一切。你對待感情認真，總是信守承諾，即便疏於聯絡，也會記得對方的生日及彼此的紀念日。所以，你非常適合和同樣認真看待感情，不糊塗懶惰的人交往。

和主印記為黃種子的男生順利交往的方法

主印記為黃種子的男生對待感情十分理性，善於明辨事理，冷靜展開行動，而非依循本能及感情。因此，感性的言語完全無法打中對方的心，務必要保持淡定，理性發言。

裡 原本真實的模樣

重視內心的悸動，而非條件

波符為黃種子的你知識淵博，是名散發成熟韻味的紳士淑女。你不僅自尊心強，也對自己充滿自信，因此，你對戀人十分挑惕，喜歡追求高學歷、高收入等條件優秀的對象。此外，一旦你墜入愛河，便容易見色忘友，心思全繞著對方打轉，有時甚至會胡思亂想到走火入魔的地步。若能享受眼前的幸福，並且有建設性地思考兩人該如何攜手走向美好未來，感情就有機會開花結果，畢竟一旦論及婚嫁，你就會開始在意對方的學歷、年收、家境等條件，但這樣只會沒完沒了。因此，比起在意對方的條件，享受彼此對話時內心萌生的悸動，以及相處時的歡樂時光，更能讓你邂逅幸福的戀情與婚姻。

和波符為黃種子的男生順利交往的方法

波符為黃種子的男生往往會對有興趣的對象抱有高度好奇心，總是希望對方和自己頻繁聯絡，分享自己正在做什麼、和誰待在一起。因此，如果不表示自己的熱情，反而會讓他對你逐漸冷感，所以請務必和對方積極聯繫。

透過星際馬雅13月亮曆占星術來解讀

幫助開運的小習慣＆生活方法

表　早有自覺的模樣

保持睡前回顧一天的習慣

主印記為黃種子的你往往能從觀察中獲得人生啟迪。每當你反思自己「為何會身處此環境？」、「為何會投入此行業？」、「為何會和這個人處在一起？」時，便會從中啟發往往藏有開運的重要線索。因此，若你能有意識地覺察生活，你將會發現自己未曾留意的細節，並明白許多昇華人生的啟示。我建議你可以養成在筆記本或手帳上留下筆記的習慣，並於一天結束後回顧今日的觀察，效果將更為顯著。視體悟為學習，並化為行動，好運便能接踵而至。

裡 原本真實的模樣

保持源源不絕的好奇心，活到老學到老

波符為黃種子的你宛如孩童一般求知若渴，好奇心十分旺盛。隨著年紀增長，你的好奇心只會與日俱增，並不會就此枯竭。汲取新知、閱讀學習，往往令你快樂無比。對你而言，學海本無涯，你總是期盼自己能活到老學到老。因此，請善用這項特質，將時間與精力花費在研究、探索自己最有興趣的領域上。如此一來，你將能締造出無人能敵的輝煌佳績。在這個人生百年時代裡，你擁有許多時間來滿足求知欲，就請發揮不輸給AI人工智能的智慧與知識，提出有益社會的構想吧！

黃種子
的
關鍵字

具備的基本特質

博學多聞，宛如學者

熱衷學習，好奇心旺盛

活到老學到老

擅長激發他人潛能

比起感受，更擅於用頭腦思考

此生的職責

運用智慧與想法帶領人類進步

快樂座右銘

「知識就是力量。」

隨身開運小物

自己的人生指南

鴻運當頭的前兆

靈感不斷湧現
對世界充滿興趣與關懷
找到自己的人生指南

開運場所

學校

適合結識為友

藍鷹

適合發展戀情

紅地球

引領你成長茁壯

白魔法師

紅蛇

永遠朝氣蓬勃的勤奮之人

透過星際馬雅13月亮曆占星術來解讀

我的原貌

表 早有自覺的模樣

常保正向的自信之人

主印記為紅蛇的你擁有源源不絕的活力與生命力。滿懷自信的你總是奮發向上，認真面對所有事情，加上你直覺敏銳，能將突然登門的靈感立即化為行動，因此成功機率總是高人一等。此外，你也擁有優秀的運動神經，身體十分靈活。不過，你的健康狀況影響著你的運勢，若能定期活動身體，做做瑜伽、跑跑步，好運便會源源不絕。儘管你鮮少情緒低落，但心情不好時，往往會脾氣暴躁、口出惡言，務必小心留意。能夠控管自己情緒的人，才能掌控自己的命運。就請永懷一顆熱情的心，心平氣和地度日。

裡 原本真實的模樣

實事求是的熱血之人

波符為紅蛇的你正義感十足，痛恨不公不義。因此，你總是滿腔熱血，渴望查明一切真相，以揭穿世間氾濫的謊言與虛偽。或許正是因為你俠義勇為，當你自有主張時，往往無法接納他人的意見，甚至會強烈堅持自己的想法。然而，每個人都有截然不同的思維與價值觀，因此，請避免過度伸張正義，或將自己的想法強壓在他人身上。若能保持柔軟的身段接納不同的看法，並藉此做出最佳決策，不僅能開闊你的氣度，更能拓展你的運勢。

透過星際馬雅13月亮曆占星術來解讀

適合的職業&鴻圖大展的方法

表 早有自覺的模樣

設立高遠目標，成功便唾手可得

主印記為紅蛇的你懷有熱情、野心與生命力，具備締造輝煌事業的潛力。你不僅天資聰穎，還富有強烈的好勝心，十分在意輸贏，在這個競爭激烈的社會裡，你尤其能充分施展自身特長與實力。在職場中，請務必善用自己與生俱來的活力，積極交友，並選擇能夠發揮行動力的工作。整體而言，你適合從事需要與人來往的業務、服務業或企業家。此外，無論遇上任何風險，你都能無所畏懼，立即重新站穩腳步，因此你也適合投入需要具備堅強心智的行業。你容易對一成不變的規律工作，或成天坐在案前處理文書等單調工作感到厭倦。志向不夠高遠時，你也容易缺乏動力，導致夢想無疾而終。因此，請把目光放遠，目標愈高，愈能燃起你的動力與志氣。若渴望鴻圖大展，請務必以凡人無法抵達的高遠境界為目標。

適合的職業

佣金制業務、服務業者、發明家、創業家、運動產業人員、模特兒。

裡 原本真實的模樣

選擇能夠熱衷投入的工作便能鴻圖大展

波符為紅蛇的你邁向成功的捷徑，即是選擇熱衷且摯愛的工作。你愛恨分明，無法對討厭、無趣的工作上心。若勉強自己從事，只會徒增壓力，甚至染上疾患，務必小心留意。相反地，你往往能全力以赴投入喜歡的工作，也願意比別人加倍努力，以爭取佳績。你也可以選擇在自己心生嚮往、懷抱熱情的產業白手起家，高機率可以成功。即便起初可能會汲汲營營追求成功與利益，但在取得成就感後，你往往能展現慷慨精神，為他人付出。當你抵達這番境界時，你將能完整發揮連自己都嘆為觀止的強大能力。因此，取得成功後，請務必轉為投入能夠貢獻世人的工作。

適合的職業

運動教練（健身教練、瑜伽老師、皮拉提斯老師等）、實業家、記者、撰稿人、表演者。

裡

透過星際馬雅13月亮曆占星術來解讀

遇見正緣的訣竅&匹配的結婚對象

表 早有自覺的模樣

桃花運強，適合跨國婚姻

主印記為紅蛇的你天生散發著擄獲異性的高雅氣息。你的外貌出色，風格獨特，男女都不禁為之傾倒，是當之無愧的萬人迷。只是，儘管你桃花運旺，心緒卻起伏多變，很可能前一天說喜歡，隔天卻對另一個人抱有好感，總是三心二意，對人忽冷忽熱。不過，你的心情卻又表露無遺，一眼就能看出是否陷入戀情，一旦喜歡上他人，便會主動積極與對方聯絡，是名不放過眼中獵物的肉食系。你相當重視和對方的肢體接觸，習慣透過肢體碰觸確認自己的愛意與真心。因此，請潔身自愛，盡量避免與他人發生一夜情。渴望戀情、崇尚異國戀情的你，其實非常適合與外國人交往。如果你現處的環境無法找到魅力十足的人選，我建議可以嘗試看看跨國婚姻。

和主印記為紅蛇的男生順利交往的方法

留住他的最佳方法就是肢體接觸！比起言語，他們更擅長透過肢體傳達愛意。不過，請務必潔身自愛，否則將容易和對方淪為一夜情的關係。

裡 原本真實的模樣

壓抑嫉妒心，便能迎來幸福的戀情

波符為紅蛇的你總是對喜歡的人全心全意，一旦墜入愛河，便會立即燃起熱情，與對方積極聯繫。不過，你也容易因時時刻刻在意對方而惶恐不安，什麼事都做不了，甚至讓在意演變為執著，若不加以控制，便會極度渴望對方符合自己的期待，想要掌控對方，務必小心留意。由於你容易只因對方前去參加公司酒局，或和友人一同出遊就吃醋，情緒低落，變得疑神疑鬼，導致無法著手任何事，所以當你感覺自己萌生嫉妒和控制欲時，務必先深呼吸，透過專注投入興趣，或邀約朋友出遊等轉換心情，而不是將自己的憤怒與情緒強壓在對方身上。比起反應冷淡的人，你更適合和懂得表現愛意的人交往。若能和這類型的人成為伴侶，你將能迎來幸福的婚姻生活。

和波符為紅蛇的男生順利交往的方法

波符為紅蛇的男生愛意濃烈，往往渴望控制對方，希望對方遵循自己的想法。若能接受這樣的控制也等同於愛的話，你將能享有愉悅的戀情。

透過星際馬雅13月亮曆占星術來解讀

幫助開運的小習慣&生活方法

表 早有自覺的模樣

相信自己的直覺

主印記為紅蛇的你若渴望開運，就必須在做出重大決定時遵從自己的直覺。於現代社會中如魚得水的你擅長運用左腦計算得失，因此容易優先考量自己的利益。只是，一旦變得自我中心，便會違背宇宙愛的真諦，而當你以此態度過活，人生也將瞬即走下坡。舉例而言，若你在採取行動時只顧自己、貪得無厭，便會讓旁人逐漸遠離你。握有機會與運氣，才能讓生活一帆風順，為了讓好運成為你的後盾，請務必時時反問自己，怎麼做才能建立雙方都舒服自在的關係。

裡 原本真實的模樣

貪婪地渴求幸福

波符為紅蛇的你若渴望開運，就必須貪婪地渴求幸福。你其實渴望正視靈魂的聲音，一旦掩飾欲求，便會渾身不自在。不過，若變得貪得無厭，也容易讓旁人認為自己唯利是圖，所以，請小心留意，務必在貪婪渴求幸福的同時，具備利他精神。請一面控制內心的貪念，一面貢獻社會，為周遭帶來幸福與溫暖。當你懷有愈強大的利他精神，就會愈加走運。因此，請在自己與生活周遭之間取得平衡，你能夠自在地調和私欲與愛時，你的運勢將會一飛衝天。

紅蛇
的
關鍵字

具備的基本特質

姿態姣好，熱情四射

生命力旺盛，習慣依循本能

努力不懈，永不妥協

為人正直，正義感強烈

運動細胞優良

此生的職責

用熱情點燃他人的心

快樂座右銘

「沒有天才能贏過努力。」

隨身開運小物

礦泉水

鴻運當頭的前兆

心靈安定

想大量飲水

身心狀態健康

開運場所

瑜伽教室

適合結識為友

白魔法師

適合發展戀情

黃戰士

引領你成長茁壯

藍鷹

白世界橋

喜歡逗人歡笑的好客之人

透過星際馬雅13月亮曆占星術來解讀

我的原貌

表 早有自覺的模樣

過著精神與物質平衡的理想人生

主印記為白世界橋的你只要過著精神與物質平衡的人生，就能鴻運當頭。在日常生活中，我們通常會不經意崇尚物質，不過，這將讓你無法展現難能可貴的才華，以及發揮與生俱來的好運。當你感覺運勢下滑，或希望提升運勢時，可以前往能量景點、參拜佛寺神社，或祭祀祖先。如此一來，運勢便能回升。若你忙得不可開交，無法支身前往，也可以只在心中默唸祝福與感謝。當你懂得感謝當下所處的環境，就能獲得祖先與守護靈的幫助。

裡 原本真實的模樣

在反覆的得失裡體悟許多人生道理

就如同你的波浮圖騰名稱一般，波符為白世界橋的你是座連接世界的橋樑，因此，你此生的目的即是來體驗天地間的一切，從中獲得重大啟發。人生宛如天氣，陰晴不定，絕對不可能永遠一帆風順。有時，你甚至會遭逢重大打擊，但最重要的，就是從中學習。正因為你將於此生歷經許多體驗，所以你能夠理解生而為人的痛苦，以及明白愛的真諦與感恩的重要性。也因此，你的靈魂老練，註定要成為眾人的領導者。而且，你相當好客，具備主動帶給他人歡樂的服務精神。日本女生尤其常被讚譽擁有全世界最高層次的精神涵養，絕對能在國際上大鳴大放。就請發揮你豐富的內在，躍上世界的舞臺吧！

透過星際馬雅13月亮曆占星術來解讀

適合的職業＆鴻圖大展的方法

表 早有自覺的模樣

於國際舞臺大放異彩

主印記為白世界橋的你此生的天職，就是登上世界舞臺，於全球大放異彩。如同你的主印記圖騰名稱一般，你擁有的才能不僅能讓你於國內脫穎而出，還能讓你活躍全世界。所以，如果你願意積攢海外留學經驗、精通外文，你將能於此生擁獲許多海外緣分。在挑選工作時，若能選擇外商或跨足海外的國內企業，也將得以拓展前途。只要能將自身難能可貴的溝通能力與人脈化為武器，從事與「人」相關的工作，你就有機會一展長才。擅長交際的你往往能透過廣闊的人脈來解決重大任務，而且，只要你工作勤奮，就可以輕鬆獲得前輩的提攜，成為耀眼奪目的明日之星。不過，若過於自私自利，將使你一敗塗地，所以，請一步一腳印累積資歷。除了就職貿易公司、擔任國際企業的業務以外，你還適合成為外交官、政治家或創業家。

適合的職業

業務、貿易公司員工、外交官、政治家、創業家、外商員工、空服員、旅遊諮詢人員。

適合需要接待客人的產業

波符為白世界橋的你擁有強烈的服務精神，適合從事帶給他人歡笑的職業。當他人因你而眉開眼笑時，往往能為你帶來成就感，因此，在服務業中最注重待客品質的飯店員工、仲介、祕書或櫃檯人員等需要接待客人的職業，可以說是你此生的天職。當你能夠發揮無微不至的服務精神，你的事業將得以蒸蒸日上。而且，若有客人直接向你表達謝意與滿意，將能提升你的工作動力，對你而言，這份工作也將更具意義。相反地，與人無關的工作往往令你感到無趣，你也無法從中發揮自己與生俱來的才華，因此，能不能與他人來往是你選擇工作的關鍵。此外，你也適合從事傾聽他人的煩惱，並藉由分享生命經驗給予他人心靈指引的工作。若渴望鴻圖大展，請務必常懷「以客為尊」的服務信念。如此一來，無論你從事何職，你都能獲得賞識。

適合的職業

仲介、祕書、櫃檯人員、服務業、接待業、助理。

透過星際馬雅13月亮曆占星術來解讀

遇見正緣的訣竅&匹配的結婚對象

表 早有自覺的模樣

珍惜因工作牽起的緣分

主印記為白世界橋的你十分擅長社交，因此，你擁有許多朋友，桃花運也十分旺盛。你具備優秀的交際手腕，與每個人都能相談甚歡，是萬眾寵愛的人氣王，絕對不會缺乏人脈。你尊重每個人獨特的模樣，不會在意年齡差距或國籍異同。因此，你可能會和比自己年長十歲的對象結婚，或是擁有跨國婚姻，你也較容易受改變自己人生觀及價值觀、德高望重的對象吸引。只是，你熱衷工作勝過戀愛，容易不小心就疏於經營感情，但你也容易透過工作遇見自己的正緣，所以，請積極參與公司的酒局，或是多和客戶聚餐。若你渴望步入婚姻，就必須選擇能夠理解你對工作的熱情，並且在工作和生活都願意助你一臂之力的伴侶。若是要你擔任家庭主婦，你可能會備感空虛，所以選擇可以和你切磋砥礪的對象，才能豐富你的人生。

和主印記為白世界橋的男生順利交往的方法

主印記為白世界橋的男生通常是名工作狂，不僅平日加班到很晚，週末還可能要陪客戶打高爾夫球，生活十分忙碌。若因為希望對方陪伴自己，而質問對方：「我和工作誰比較重要？」的話，可能會令對方感到困擾。所以，除了小心避免以外，也請幫認真負責的他加油打氣。

裡 原本真實的模樣

只要放下執念，就會有良緣上門

波符為白世界橋的你不僅喜歡逗人開心，還擅長與人交際，所以你的桃花運十分旺盛，戀愛經驗也相當豐富。不過，由於你事業繁忙，因此即便擁有許多正緣，也容易晚婚。此外，你還容易在感情中反覆獲得與失去，譬如和訂婚對象忽然分手，或和現任對象分開後又立即遇上新緣分。若渴望結婚，就必須放下過往的戀情，斬斷一切留戀。儘管失去摯愛的痛楚難以計量，也請務必向前看，期待自己能遇上嶄新緣分。由於你廣結善緣，因此很有機會透過朋友的介紹遇見正緣，就請拜託朋友平時多介紹新對象給你吧！

和波符為白世界橋的男生順利交往的方法

溫柔的他總是最在意自己的另一半，即便工作使他焦頭爛額，他也會默默思念另一半的笑臉。因此，和他見面時，務必面帶微笑。收到他的驚喜或禮物時，也請坦率收下他的心意。若能善加表達自己的喜悅，你們的感情將能升溫。

透過星際馬雅13月亮曆占星術來解讀

幫助開運的小習慣＆生活方法

表 早有自覺的模樣

別忘記為自己充電

主印記為白世界橋的你若渴望開運，就必須讓自己保持充沛的能量。這裡的能量並非指肉眼可見的體力，而是指無形的能量與力量。你可以前往能量景點、空氣清晰的地方、被大自然環繞的山川河海，或是身心能自然感到放鬆的地方，替自己充電。當你身處人蛇雜處之地或都市叢林時，往往容易沾染其中的穢氣與負能量，因此，請務必定期排毒。能力允許的話，最好養成每天淨化的習慣，這麼做將能幫助你吸引更多好運降臨。前往附近的神社寺廟或者能量景點，調整自己的氣場與能量，也能提升你的運氣。若希望現實生活過得更加充實，請務必注重自己的精神與靈性。

別害怕放手

波符為白世界橋的你若渴望開運，就必須無畏放手與失去。你此生注定反覆獲得與痛失，因此，若你極度渴望轉運，就必須做好放手的覺悟，當你懂得捨棄無謂的人事物，便能改變命運，你也會發現，此非全然的壞事。正如你的波符圖騰名稱所示，唯有在地球多加體驗，你才能踏入天堂。於20種圖騰之中，你也擁有最繁重的靈魂課題，必須通過某階段的學習任務，才能夠步入下一階段，而於此同時，又會有新的學習任務降臨。反覆之下，你的靈魂將能成長茁壯，而最終，宇宙也會啟動「等價交換法則」，此時，若你懂得放手，便能迎接豐收。只要相信「一切都是最好的安排」，踏實生活，你的靈魂便得以朝著你嚮往的方向前進。

白世界橋
的
關鍵字

具備的基本特質

擅讀空氣，魅力十足

反覆獲得與失去

擁有海外緣分

溝通能力優秀，十分好客

懷有上進心

此生的職責

成為國內外聯繫的橋梁

快樂座右銘

「有失才有得。」

隨身開運小物

導覽手冊

鴻運當頭的前兆

遺失重要的物品

朋友贈送的御守或護身符

渴望結識朋友

開運場所

旅行地點（國內國外皆可）

適合結識為友

紅步行者

適合發展戀情

藍鷹

引領你成長茁壯

黃戰士

藍手

以奉獻人群為樂的溫柔之人

透過星際馬雅13月亮曆占星術來解讀

我的原貌

表 早有自覺的模樣

生來帶給世界和平與療癒

主印記為藍手的你，生來是為了帶給世界和平與療癒。你比任何人都溫柔，每當看見他人深陷痛苦或煩惱時，內心便會湧現關愛與慈悲，不忍丟下他們。此外，你總是溫和地對待人類與動植物，並致力執行有機生活，與大自然和諧共處，不僅會挑選有機食材，還會積極提倡環保。唯有當地球被愛環繞，你的靈魂才能感到喜悅。相反地，若見到戰爭、飢餓等世界混亂的景象，你便會悲痛欲絕。你總是會發揮自主精神，積極找尋能夠貢獻社會的地方，若能善加發揮你的慈愛與溫柔，你將能為世界帶來和平與療癒。

裡 原本真實的模樣

從經驗中成長，抓住關鍵機會

波符為藍手的你，經常能從人生經驗中成長學習，比起坐在案前苦讀，你更擅長從經驗裡汲取人生的重要智慧。也因此，你將歷經比其他圖騰更多的課題，也很有可能外表看似平凡，卻擁有許多難以想像的經歷。不論是工作、課業、愛情、人際關係或金錢，只要是你現正關注的議題，都會有相關的課題蒞臨你的生命。不過，無論課題再怎麼艱難，在你努力跨越之後，肯定都會有盛大的機會正等待著你。有光就有陰影，這是宇宙不變的道理。請避免消極度日，務必積極向前，累積經驗，並把這些精彩的經驗視為人生的資產，轉換為滋養未來的肥料。

透過星際馬雅13月亮曆占星術來解讀

適合的職業＆鴻圖大展的方法

表 早有自覺的模樣

運用自己的巧手
抓住出人頭地的機會

由於你的主印記圖騰名稱含有「手」字，因此主印記為藍手的你相當適合從事運用巧手的工作。舉例而言，廚師、整復師、美容師、美甲師、樂手等運用雙手的職業，將能令你大放異彩。此外，你擁有優秀的分析能力與觀察力，所以也能在銷售或調查相關的產業裡一展長才。不僅如此，性格沉穩的你能夠溫柔地理解他人內在情緒起伏，而且，你的存在往往令他人感到安心，因此你也十分適合擔任心理師、諮商師或療癒師。正因為你身上散發的安定感能讓你贏得周遭人士的信任，所以你容易被交付重責大任，或被提拔升官，擁有許多出人頭地的機會。只要平時懂得對周圍的人奉獻付出，就很有機會取得成功。

適合的職業

廚師、整復師、心理師、療癒師、美容師、美甲師、音樂家、銷售相關人員。

裡 原本真實的模樣

從事得以奉獻心力的工作
將令你大鳴大放

波符為藍手的你此生的天職，即為能夠帶給顧客歡笑的工作。你極欲奉獻自我，而且，若客人對你的殷勤服務致上誠摯的謝意，你的靈魂將會雀躍不已。由於你總是散發樂於助人的真摯情懷，所以你往往能獲得奪得眾人的信任，並在萬眾推崇之下展露頭角。相反地，當你感覺自己無法貢獻心力時，你會喪失成就感，找不到存在的意義。因此，投身接待業、醫療業、志工團體、非營利組織或慈善事業等以服務人類社會為目的的產業，將能燃起你的工作熱忱。不過，也請務必選擇高薪、有名的公司，否則，你很可能會感到懊悔與不滿。另外，汲取經驗至關重要，請千萬別被事件的規模大小給侷限了。

適合的職業

接待業、醫療產業、志工團隊、非營利組織成員、諮商師、心理師。

透過星際馬雅13月亮曆占星術來解讀

遇見正緣的訣竅&匹配的結婚對象

表 早有自覺的模樣

放慢腳步，多加觀察對方的個性

主印記為藍手的你桃花滿天飛。由於你待人和善，經常能贏得他人的好感，所以姻緣總是接踵而來。即便剛結束一段感情，也能立即遇見新對象，展開另一段新戀情，無需擔憂桃花枯竭。當你墜入愛河時，往往會為了讓對方更了解自己，而主動與對方積極交流，頻繁聯絡對方。也由於你桃花運旺，所以常常會一股腦栽進戀情，忘記多加觀察對方的個性，導致自己累積不少情傷。雖然多談戀愛能豐富你的感情經驗，但若因此留下心痛與創傷，反而阻礙你邁向幸福，釀成遺憾。因此，就別留戀逝去的戀情，應當鼓起勇氣，朝下一段感情邁進。不過，請在仔細觀察對方之後，再和對方發展關係喔！

和主印記為藍手的男生順利交往的方法

主印記為藍手的男生對待每個人都同等溫柔，由於他對伴侶以外的人都同樣親切，因此經常會令伴侶憂心忡忡。請明白，他並不是因為喜歡對方才展現柔情的一面，而只是因為他本性就是如此體貼。

裡 原本真實的模樣

別老是為對方付出，偶爾也該讓對方替你操心

波符為藍手的你喜歡為心愛的人犧牲奉獻，而且，你生性樸實，比起奢華的生活，更嚮往和心愛的人安穩度日。你討厭拌嘴爭執，因此當有人覺得和你待在一起很安心時，你總能感到無比欣喜。而在結婚後，你肯定能成為一名賢妻良母，每天主動替丈夫小孩打理便當、做家事，盡忠職守完成育兒工作。儘管天生喜愛照顧他人的你總愛奉獻心力烹煮料理、打掃洗衣，只為讓心愛的人開心，但談戀愛時，必須小心過度付出，否則，對方容易將其視為理所當然，十分危險。對感情盡心盡力，最後卻慘遭背叛的人可是不在少數。所以，偶爾讓對方替你操心，反而更能擄獲對方的芳心。另外，若能選擇懂得表達感謝之意的伴侶，你將能更加幸福。

和波符為藍手的男生順利交往的方法

波符為藍手的男生往往希望心儀的對象能理解自己，願意聆聽自己各種情緒。因此，就算他老愛抱怨上司和工作，也請務必耐心傾聽他的怨言。

透過星際馬雅13月亮曆占星術來解讀

幫助開運的小習慣&生活方法

表 早有自覺的模樣

機會降臨時切勿猶豫

正如俗諺所言：「機會女神只有瀏海。」主印記為藍手的你若渴望開運，就必須緊握機會女神的瀏海。20種圖騰中，你最受幸運之神眷顧，總能在人生的各大場面裡奪得先機。因此，機會降臨時，請務必立即採取行動，同時也要勇於放手，切勿過度留戀現有的一切。我們永遠不會知道機會之神何時降臨，所以，請於平時善加磨練自身能力，讓自己隨時抱持在最佳狀態，畢竟抓住機會後，若無法藉此一展長才，也只是徒勞無功。再者，若不夠機靈敏銳，也容易錯失良機，所以，也請打開感知的天線，才能吸引好運到來。當你這麼做之後，好運便會立刻湧現你的面前。

◇◇◇ 裡 原本真實的模樣 ◇◇◇

活用人生經歷

波符為藍手的你若渴望開運，就必須善加活用自身經歷。你此生的目的，就是來體驗所有人生的必經之路，因此，你的經驗裡往往暗藏許多開運指引。開心幸福的回憶當然能豐富你的人生，但相較之下，痛苦挫折的歷練往往含有更多引領你成長茁壯的養分。因此，請試著回顧那些悲傷、寂寞、苦盡甘來的人生經驗，當時的你獲得了哪些啟發，心裡又萌生了哪些感受呢？追憶過去或許令人痛不欲生，想要置若罔聞，但勇於面對過去，才能開啟人生的新篇章。

藍手的關鍵字

具備的基本特質

懷有療癒的力量與溫柔的心
將透過經驗明白世人的痛楚
擁有一雙靈活的巧手
喜歡犧牲奉獻
能藉由出色的分析能力抓住機會

此生的職責

療癒受傷的人

快樂座右銘

「緊抓機會女神的瀏海。」

隨身開運小物

護手霜

鴻運當頭的前兆

時常有人找你訴苦

感覺雙手充滿能量

發現中意的指甲彩繪

開運場所

SPA療養會館

適合結識為友

黃人

適合發展戀情

白魔法師

引領你成長茁壯

紅地球

黃星星

具備卓著的美感與職人精神，
如星星般耀眼的完美主義者

透過星際馬雅13月亮曆占星術來解讀

我的原貌

表 早有自覺的模樣

用星星般的耀眼光芒照亮人世

主印記為黃星星的你擁有星星般的耀眼光芒，能夠照亮人世。你美貌品德兼具，就像星星一樣光彩奪目，同時，你也是20種圖騰中最具美感的人，你內心渴望探尋世間之美的熱情，將能引領你脫穎而出。比起無形的內在美，你更注重肉眼可見的外在美，而且，你也對此擁有精銳的審美眼光。你肯定有發現，你眼睛望向的所有事物，都和美息息相關。若渴望訓鍊審美，就必須孜孜不倦地追求美，活在充滿美的世界。請務必發揮你優秀的美感，照亮全世界。

裡 原本真實的模樣

立求頂尖

波符為黃星星的你總是以高標準看待事物，立求頂尖。因此，若你來往的人、身上的衣飾、用餐地點、工作場所及居家環境並非一流，你便會渾身不舒服。此外，你也容易自信爆棚、傲視群人，甚至擁有完美主義，厭惡失敗，因此，你總是嚴以待己、毫不鬆懈。若這樣的性格發揮得宜，肯定有所益處，但若運用不當，則容易會將自己的標準強壓在他人身上，請務必小心注意。這世上並非所有人都和你一樣懷抱著高標準，因此，你必須學會適時保持寬容。其實，在你的心底，你比任何人都還渴望嶄露頭角、獲得肯定。只是，別人是別人，你是你，你只需獨自朝著自己嚮往的頂標邁進即可，無須和他人比較。

透過星際馬雅13月亮曆占星術來解讀

適合的職業＆鴻圖大展的方法

表 早有自覺的模樣

展現美與藝術的藝術家

主印記為黃星星的你具備展現美與藝術的藝術家才華。正如你的圖騰所名，閃閃發亮的你擁有明星光彩，非常適合需要站上舞台、閃耀全場的職業。舉例而言，若能從事美容業、化妝品業、時尚產業、模特兒、演員或網紅等向世人宣揚美的行業，你將得以綻放與生俱來的光芒。當你活出本色時，就有機會成為眾所矚目的魅力巨星。你同時也具備傳遞情感這項難能可貴的特質，因此也十分適合成為音樂家、畫家、藝術家等藝文工作者。你的感情豐沛，擅長透過藝術作品帶給世人光明。相對地，平凡的行政作業或和電腦機械相關的職業並不適合你。若你投身這些產業，將會就此失去光芒，甚至可能影響健康。因此，請在美與藝術的相關領域裡尋找嚮往的工作，並全心全意地投入吧！

適合的職業

美容相關產業、時尚產業、模特兒、演員、KOL、音樂家、藝術家。

裡 原本真實的模樣

能在需要專業知識的產業中脫穎而出

波符為黃星星的你能夠在專業領域中發揮一技之長，因此，你適合投身能夠展現專業長才的行業，譬如成為需要具備專業知識的專業人士（護理師、記帳士等），或特定領域的專家等。你工作標準高，力求完美，不允許任何差錯，而且總是嚴以律己、打破砂鍋問到底，因此旁人時常認為你嚴謹龜毛。不過，也由於你投注比別人多上好幾倍的心力鑽研工作，所以往往能累積許多專業知識，成為一名出色的專業人士。此外，你還容易受職場環境影響，唯有待在舒適的環境，你才能發揮所長。相反地，處在人際關係惡劣、待遇差勁的職場，將無法激發你的潛能，因此，請務必選擇能夠令你放鬆自在的職場。當你感覺自己身處的工作環境充滿不公不義，令你悶悶不樂時，即可考慮轉職。

適合的職業

律師、稅務人員、技術人員、藥劑師、營養師、社會福利規劃人員。

透過星際馬雅13月亮曆占星術來解讀

遇見正緣的訣竅&匹配的結婚對象

表 早有自覺的模樣

多加欣賞對方的內在美，不要只單看外表

主印記為黃星星的你容易被美的事物吸引，因此總會喜歡上條件優秀的男子。不僅如此，你也容易愛慕生活精彩豐富、絢爛奪目的人，或者Instagram、YouTube上的話題名人。只是，如同俗諺所言：「美麗的玫瑰帶刺。」若看到帥哥就立即撲奔過去，可能會招致危險。即便真的有機會和名人交往，你也有可能因為對方感情生活紊亂，抑或私生活與檯面差距甚大，而立即對對方冷感。請務必謹記，理想和現實肯定存有落差。若渴望結婚，就必須培養欣賞對方內在性格的眼光，避免只被對方的外表與條件給迷惑。真正的美源自於內在，唯有和心美的人在一起，才能步入幸福的婚姻。

和主印記為黃星星的男生順利交往的方法

擁有優秀美感的他相當注重另一半的外表，因此和對方約會時，務必盛裝打扮。不過，即便外表光鮮亮麗，若缺乏內涵，也難以獲得他的關注。所以，請於平時累積自己的內在涵養與知性，便能成為對方眼中特別的存在。

裡 原本真實的模樣

別過度神經質，蠻橫要求對方

波符為黃星星的你容易對另一半抱有崇高理想，並希望對方能符合自己的眼光標準，因此，你往往難以遇見理想的另一半。而且，剛步入感情時，你時常會為了讓對方著眼於自己的優點而隱藏本性，不過，就在雙方感情逐漸穩定，彼此不再有所顧慮後，你便會開始嚴格要求對方遵循自己的指示。不僅如此，在你看見對方一再遲到、說謊、怠惰等鬆散的一面後，你也會覺得彼此相處起來痛苦不堪。像這樣過度要求對方的舉手投足，原本應當開心的戀情只會愈加疲乏。因此，請別過度神經質，試著和對方保持舒適的距離。若你渴望結婚，就必須接納對方真實的模樣。而如果你希望婚姻生活幸福順遂，就必須選擇能夠以寬宏大量的心包容你些許任性的大氣之人。

和波符為黃星星的男生順利交往的方法

波符為黃星星的男生容易在初期時對妳溫柔無比，但卻在你們愈走愈近之後開始對你頤指氣使，當你感覺對方做出這些舉止時，請務必和對方保持一定的距離。尤其如果想和對方步入婚姻，就必須留意未來住在同個屋簷下時，對方是否能夠戒掉這些習慣。

透過星際馬雅13月亮曆占星術來解讀

幫助開運的小習慣＆生活方法

表 早有自覺的模樣

適時休息

主印記為黃星星的你若渴望開運，就必須在生活與工作之間取得平衡。如同宇宙有陰、陽兩極一般，任何事情都必須維持在平衡狀態，才得以穩定。因此，請適時切換自己的工作模式與休息模式，平日勤奮工作完後，記得放鬆休息、充足睡眠。休假日則好好享受屬於自己的時光，不要思考任何工作的事情。聽首音樂、看場電影、欣賞藝文活動、沐浴在大自然中，或享受和與另一半的時光等，都能讓你恢復元氣。你尤其容易在壓力席捲而來的時候暴飲暴食、對事物沈迷，當你發現自己陷入這種情況時，請務必多加留意，因為這正是你能量耗減的警訊。壓力過大將使你的運勢下滑，因此，請務必養成好好放鬆的習慣，以防厄運來襲。

整頓自己的生活環境

波符為黃星星的你若渴望開運，就必須好好整頓自己的生活環境。由於你周邊的事物會打造你的人格、品行與命運，因此，無論是人際、職場、房間或空氣循環，只要是會對你產生影響的一切，都必須加以整頓。當然，也請別忘記清理內在，因為你的內在思想打造了你眼前的世界。所以，比起整理外在環境，整頓內心狀態更能提升你的運勢。你平時可以透過健康飲食、前往空氣清新的地方、進行冥想，或建立良好的人際關係，來整頓自己的內在。請把生活視為你內在的投射，並記得時時整頓自己的生活環境，好讓自己維持在最佳狀態。

黃星星
的
關鍵字

具備的基本特質

擁有優秀的美感，喜歡美的事物

品味出色，時尚迷人

富有卓越的藝術才華

凡事追求完美

帶有專業人士氣場

此生的職責

運用與生俱來的光輝照亮世界

快樂座右銘

「休息是為了走更長遠的路。」

隨身開運小物

保健食品

鴻運當頭的前兆

肌膚光滑透嫩

想要盛裝打扮出門

亟欲整理房間

開運場所

化妝品專櫃

適合結識為友

藍猴

適合發展戀情

紅步行者

引領你成長茁壯

白鏡

紅月

挾帶堅定信念與華麗氣場，使命必達的負責之人

透過星際馬雅13月亮曆占星術來解讀

我的原貌

表 早有自覺的模樣

為打造新時代而生的開創者

主印記為紅月印記的你，天生是為開創新時代而來。你的使命是在多變的時代中脫穎而出，引領全新潮流。當你發揮改革精神，創造社會所需之物，魅力與領導力將自然展現。無論是科技、再生能源、醫療或娛樂，只要是你喜愛且擅長的領域，皆是你的舞台。你善用右腦，因此請依靈感行事，直覺會引領你開闢新路。確立目標後，堅持努力，滿懷熱情，月亮將助你一臂之力。請在新月時於心中描繪成功的自己，滿月時感謝月亮的幸運。養成此習慣後，只要相信自己必能勝利即可。

裡 原本真實的模樣

富有使命感的盡忠職守之人

波符為紅月的你盡忠職守，使命必達，只有你能達成的「任務」往往能激起你的幹勁，不過，你勢必得花上一段時間，才能找到自己的人生使命與道路。因此，請不時在生活中詢問自己渴望達成的目標究竟為何。或許在某一瞬間，你的靈感便會回答你，讓你明白你此生必須完成的使命。此外，生活迄今為止遇到的人事物，包含你的成長環境、工作經驗，以及支持你的靈魂伴侶之中，肯定也都藏有許多答案和提示。你會人生的道路上不斷付出與學習，因此無論是活在當下，或是回顧過往，都對你有益。迷惘時，你可以試著觀月冥想，傾聽內心的聲音。或者，你也可以向月亮許願，祂將指引你找到此生的使命。請謹記，月亮永遠在你身邊守護你。

透過星際馬雅13月亮曆占星術來解讀

適合的職業＆鴻圖大展的方法

表 早有自覺的模樣

帶動社會改革的角色

主印記為紅月的你此生的天職，即是打造嶄新的潮流或事物，帶動社會改革。你擅長解讀時代趨勢，能夠預知世界十多年後的模樣，若成為流行先驅，將能取得商業上的成功。舉例而言，你能夠在現今備受矚目的AI、科技、宇宙開發等帶領人類社會進步的產業中脫穎而出。你也擁有首屈一指的能力，能將想法等無形的事物具象化，因此，你也適合投入創意產業。相反地，你並不適合枯燥乏味的行政作業，在這類型的工作中，你將無法發揮你的獨門長才，建議迴避。若你渴望鴻圖大展，就必須打造前無古人、後無來者的嶄新事業，帶動社會革命。請別受限於舊有的習慣與框架，盡情開創新局面吧！

適合的職業

科技相關產業、創意產業、發明家、時尚產業、室內設計師。

找到自己獨一無二的志業

波符為紅月的你此生的天職，即為那些只有你能勝任的志業。透過志業，你將能達成此生的使命。由於你極富責任感，即便是不可能的任務，也會使命必達，因此，當你的職責愈重，你愈能發揮實力。若你渴望鴻圖大展，就必須尋找只有你能勝任的獨門職業，而這份職業將能帶領你完成此生必須達成的任務。若你尚未邂逅自己此生的使命，不妨試著回顧人生的軌跡，重溫自己的兒時點滴，以及過往的回憶。不過，它多半藏在痛苦的經歷之中，而非快樂的回憶裡。就請試著找尋自己的獨門絕技吧！

適合的職業

社會運動家、顧問、設計師、療癒師、商店店員。

裡

透過星際馬雅13月亮曆占星術來解讀

遇見正緣的訣竅＆匹配的結婚對象

表 早有自覺的模樣

能讓你自在做自己的人才是正緣

主印記為紅月的你外貌姣好，具備許多受歡迎的特質。而且，你能敏銳察覺流行趨勢，打扮得風潮時尚，展現吸引異性的性感魅力。外表看似不食人間煙火的你，其實內心與外表有著極大的反差。有時寂寞難耐，卻沒能接獲任何邀約，只好獨自度過孤單的一晚。若你渴望結婚，就必須選擇能夠欣賞你本性的對象，而非被你外貌所吸引的人。儘管你平時形象冷酷，但肯定有不少人在看見你卸下包袱的模樣，或是你擅長料理及家事的一面後，喜歡上你的反差。因此，請在喜歡的人面前卸下武裝，盡情地做自己吧！ 千萬別矯揉造作、好勝逞強。甚至極端點來說，即便你不上妝也毫不在意的人，才是你的正緣。

和主印記為紅月的男生順利交往的方法

主印記為紅月的男生對流行趨勢十分敏銳、品味相當出色，喜愛時尚的景點。因此，請多帶他去熱門的餐廳，或時下流行的約會景點。當他感受到你的絕佳品味後，肯定會覺得你特別吸睛亮眼。

裡 原本真實的模樣

在墜入愛情前先冷靜思考

波符為紅月的你對愛情相當盲目，一旦墜入愛河，便會對周遭視若無睹。而且，戀愛腦的你一旦談起戀愛，便會跌進愛情的深淵，深陷其中。或許因為你總是全心全意投入愛情，所以即便是對方主動展開的戀情，隨著時間推進，你的愛也會愈加濃厚，甚至超越對方。如果關係健全當然無妨，但你也有可能因此過度投入一段不被看好的戀情之中。所以，請務必特別留意對方是否有出軌的跡象。另外，你也是個正視自身情緒感受，並且固執任性的人，不太會去聆聽周遭人士的勸告。若你渴望步入幸福的婚姻，從一開始就必須避免與已婚男性發展關係，也盡量別對花花公子、金錢觀念差的男生傾心。別太深陷感情，就是你邁向幸福的祕技。

和波符為紅月的男生順利交往的方法

波符為紅月的男生通常需要一段時間才會開始認真看待一段感情，因此，請給對方一些時間確認自己的心意，別太快向對方告白，也請別因此就喪失信心，在正式交往之前，務必耐心堅持自己的愛。

裡

透過星際馬雅13月亮曆占星術來解讀

幫助開運的小習慣&生活方法

表 早有自覺的模樣

善用月亮的週期，養成良好習慣

主印記為紅月的你若渴望開運，就必須改掉舊有的習性，積極養成新習慣。由於你的主印記圖騰名稱含有「月」字，因此你很容易受到月亮週期的影響。若你能跟隨月亮的週期生活，你將能過上順流的人生。你可以在新月時許下心願，開展新計畫，在滿月時檢視自己辛苦的成果。即便結果不如預期，也別責備自己。請修正計劃，改掉阻礙自己前進的陋習，建立新的習慣。鴻運當頭的人必定都貫徹良好習氣，引領自己不斷進步。就請養成能讓生活更加舒適的習慣，並反覆地檢討改善吧！

裡 原本真實的模樣

讓自己的生活過得滋潤無虞

波符為紅月的你若渴望開運，就必須過得豐潤無腴。若你的生活缺乏刺激，你的運勢將會急轉直下。因此，當你感覺到自己的生活不再豐富，就必須導入截然不同的全新模式。舉例而言，你可以重新裝飾房間、更換新的時尚單品或化妝品，或和男友進行一場有別以往的約會等。若能積極在生活中導入新事物，你將能擺脫千篇一律的生活。由於你總是渴望革新進步，因此，若能讓自己感覺到每天生活都有些變化，你將能過得更加開心。如果你感覺心情不自覺低落、身心不自禁疲倦，即表示你的身體累積了不少負面能量。當身體能量堵塞時，你的運氣便無法亨通，因此，請多喝果菜汁，將毒素排出體外。

裡

紅月
的
關鍵字

具備的基本特質

性感迷人

擁有打造新潮流的開創能量

極具影響力

能敏銳察覺流行趨勢

性格頑固，一旦下定決心便會堅持己見

此生的職責

創造嶄新事物，發起革命

快樂座右銘

「我將引領潮流。」

隨身開運小物

社群軟體（Instagram）

鴻運當頭的前兆

樂於掌握最新流行趨勢
社群軟體追蹤人數增加
接獲許多工作委託

開運場所

剛開幕的新店

適合結識為友

白狗

適合發展戀情

黃人

引領你成長茁壯

藍風暴

白狗

和藹親切、善解人意
滿懷愛心的萬人迷

透過星際馬雅13月亮曆占星術來解讀

我的原貌

表 原本真實的模樣

品德高尚的萬人迷

主印記為白狗的你，和藹可親、人見人愛，天生品德高尚，無論身在何處都受人愛戴。你承襲祖先累積的福報，使命是將這份福報回饋社會，讓家族榮耀延續。若常祭拜與掃墓，可以得到祖先加持、提升運勢；若不懂得慎終追遠，則運勢恐大幅下滑，務必謹記。你的人生關鍵字是「人」，應珍惜緣分、建立信任，有人求助時更要挺身而出。現今網路時代人際疏離，你更應珍惜與人的連結。

裡 原本真實的模樣

生來是為了學習家族之愛

波符為白狗的你，此生的議題與家族之愛有關。對你而言，家族比工作及任何事情都來得重要。若你渴望過上幸福的人生，就必須時時感謝身旁的家人、朋友及戀人等此生相遇的靈魂伴侶。其中，家人是你最親近的靈魂伴侶，你們肯定在前世約好要一同跨越相同議題，才會成為家人。此生中，你們將會共享喜悅、痛苦及分離，一齊攜手跨越困難，建立更深的靈魂羈絆。若你和家人的關係不好，請務必立即改善。若和家人的關係陷入膠著，或是交情變淡，將會使你的運勢急轉直下。請務必把與家人相處的時光擺在第一順位，和他們一同製造歡樂點滴。

透過星際馬雅13月亮曆占星術來解讀

適合的職業&鴻圖大展的方法

表 早有自覺的模樣

發揮人見人愛的特質，擄獲顧客芳心

主印記為白狗的你此生的天職，即是能夠發揮人見人愛特質的工作。你既可愛又迷人，無論男女老少都能與你建立信任關係。由於你的人氣是20種圖騰之最，因此在眾多職業之中，你尤其能在需要運用人氣進行買賣的行業取得成功，譬如業務、接待業、服務業、偶像、全方位藝人、KOL、YouTuber或特種行業等。在商業活動中，你將能完美發揮自己的高人氣。另外，步入職場後，上司對你而言至關重要。若你的上司是一名優秀的領導者，你認真向上的工作態度將得以獲得肯定，你也能早日嶄露頭角。正因為憑藉一己之力難以出人頭地、鴻圖大展，因此，請從平時就珍惜身邊的緣分，保持優異表現，如此一來，你將能獲得長輩的提攜。此外，也請務必全心全意投入工作，並向周邊人士表達謝意。

適合的職業

業務、接待業、藝人、KOL、諮詢產業、一般行政工作。

裡 原本真實的模樣

幫助人類社會是你的天職

波符為白狗的你樂於助人，喜歡貢獻社會。由於協助他人、逗人開心往往能滿足你貢獻他人的夢想。因此，你相當適合從事服務業、接待業，擔任護理師、醫療業者等關鍵工作人員，或投入祕書、經理等行政工作。你為人忠誠，因此相當適合進入公司體系。比起以領導者的身分下達指令，擔任支援長官的參謀長或祕書更能讓你發揮強大實力。由於你天資聰穎，因此周遭人士往往對你百般信任，視你為瑰寶。賺錢固然重要，但比起金錢，收獲他人的感謝更能提振你的士氣，帶領你跨越艱難阻礙。總結而言，能夠燃起你「渴望為人奮發向上」之心的工作，即為你的天職。

適合的職業

服務業、接待業、護理師、醫療相關人員、祕書、經理、寵物美容師、訓犬師。

透過星際馬雅13月亮曆占星術來解讀

遇見正緣的訣竅＆匹配的結婚對象

表 早有自覺的模樣

別過度挑剔，感覺對了就趕緊結婚

主印記為白狗的你總是散發著可愛氣場，是名人氣王。你廣受異性歡迎，完全不缺桃花。你的貴人運為20種圖騰之最，由於你相當珍惜身邊的信任關係，因此你往往能廣結善緣，並從中收穫幸福的戀情與婚姻。又由於你家運昌隆，所以你高機率能建立美滿的家庭，子孫滿堂。對你而言，摯愛的家庭能夠和樂融融，即為莫大的幸福，也因此，你經常把家庭擺在第一順位。比起維持單身，即早建立家庭往往能令你的生活更為美滿。若渴望抓住幸福，就必須避免過度挑剔，一旦認定自己渴望與此人共度一生，便可即早結婚。聰明賢慧的你，肯定能在結婚生子後，於工作與家庭之間取得完美平衡。

和主印記為白狗的男生順利交往的方法

主印記為白狗的男生被動，不擅展現領導全局的霸氣，而是更傾向在背後守護你，攙著你前行。若你偏好威風凜凜的男性，主印記為白狗的男生可能較不符合你的期待。但如果你願意守護他，引領他前進，那你們將會是合適的伴侶。

裡 原本真實的模樣

選擇疼愛家庭的人將能為你招來福氣

波符為白狗的你非常疼愛自己的家人，而且，家庭和樂往往能為你帶來幸福。談戀愛時，你往往不會奢求太多，只希望兩人能牽手悠閒地在公園約會、彼此開心地待在一起。步入婚姻後，你也能夠明白稀鬆平常的日子便已幸福美滿，兩人圍在同張飯桌悠閒度日、周末全家前往露營，或來場烤肉大餐、一同出門旅行，便能令你幸福洋溢。若你渴望甜蜜的婚姻，就必須選擇重視家庭的伴侶。因此，請在交往期間好好審視對方是否重視家庭。兩家庭間密切活動，譬如邀請另一半回老家，或拜訪對方的老家等，將能有效促成你們的婚姻。若發現對方並不重視家庭，請務必審慎考慮是否要和他結婚。無論如何，我都希望你能和對方好好談談彼此對家庭的想像。

和波符為白狗的男生順利交往的方法

對總是把家庭擺在第一順位的他來說，女友和家人同等重要。因此，當他邀請你前往他家，或介紹自己的家人給你時，代表他有很大機率已經喜歡上你了。此時千萬別猶豫，多和他家人來往，相約一齊用餐，將能加深彼此情份。

透過星際馬雅13月亮曆占星術來解讀

幫助開運的小習慣＆生活方法

表 早有自覺的模樣

重視禮儀禮節

主印記為白狗的你若渴望開運，就必須重視禮儀禮節。待人一向忠誠且重視人本倫理的你，絕對可以達成。若能禮貌接應平時照料你的人，並且保持謙虛、安分守己，重視眾人早已拋諸腦後的傳統生活態度與禮俗，你將能獲得好運。尤其現代網路普及，你更應該親筆寫信表達誠意，贈送實體禮物聊表謝意，一點一滴累積你的福報。俗話說：「近朱者赤，近墨者黑。」與好人來往必定能讓你好運連連。因此，請多加注重禮儀禮節，藉此抓住良緣與好運。

飲水思源

波符為白狗的你若渴望開運，就必須養成飲水思源的習慣。所謂的「源」，即指把你生下來的雙親及列祖列宗。你的家庭關係容易影響你的命運，只要和家庭保持良好關係，你便能鴻運當頭，因此，你與家庭密不可分，他們將全面影響你的工作、戀情及人際關係。你可以試著想像代代相連的愛與生命是如何承襲下來，如此一來，你將能學會飲水思源。若家中設有佛壇，請務必於一日之際前往佛壇合掌祭拜。回老家時，也別忘了掃墓祭祖。身為大人的你，更需要回到原點，將那些兒時認為理所當然的事情變成自己的每日習慣。

白狗
的
關鍵字

具備的基本特質

親切、善解人意，十分受人歡迎

喜歡照顧人，總是為家人著想

極其忠誠，習慣隱忍

容易贏得上司深厚的信任

正直誠懇

此生的職責

與眾多靈魂伴侶建立信任關係

快樂座右銘

「我有值得信賴的夥伴。」

隨身開運小物

小狗玩偶

鴻運當頭的前兆

收到老友突如其來的聯絡

撞見白狗

時常接獲他人的邀約

開運場所

家

適合結識為友

紅月

適合發展戀情

藍猴

引領你成長茁壯

黃太陽

藍猴

足智多謀，閃亮耀眼的天才

透過星際馬雅13月亮曆占星術來解讀

我的原貌

表 早有自覺的模樣

讓世人綻放笑容的人

主印記為藍猴的你往往能因逗人開心而幸福。你性格獨特，立志享樂，致力於讓靈魂過上興奮的一生。

你擁有驚人的創意與豐沛的情感，喜歡製造驚喜，令旁人大吃一驚。這一切，都是因為你滿懷「讓世人綻放笑容」的信念，因為你明白，所有情緒之中，只有喜悅才能讓人綻放笑顏。而且，即便遭逢困難艱辛，你都能用與生俱來的樂觀與開心能量改善運勢。也因此，你的周圍往往圍繞著笑聲，充斥著歡樂的氣場。請運用自己的天真浪漫與開朗，帶給世人笑容與活力吧！

裡 原本真實的模樣

全能的天才

波符為藍猴的你是名全能的天才，很有機會因為才華洋溢，而得以於各領域嶄露頭角。你自幼就是一名神童，展現著非凡的天賦，不僅課業優秀，也富有藝術天分，擁有許多拿手絕活，簡直天賦異稟。你也熱衷於思想、哲學或宗教等精神領域，並與其有著匪淺的緣分。你很有可能出生自掌管神社或佛寺的家庭，或於前世時就已不斷探索靈性。你年紀輕輕就會開始思考「人生」這道永恆的議題，並不停尋找自己的解答。若你渴望活出自我，就必須善加培養靈性，而非追求物質生活。朝著這個方向前進，你將能明白自己此生的目的。

透過星際馬雅13月亮曆占星術來解讀

適合的職業＆鴻圖大展的方法

表 早有自覺的模樣

帶給眾人笑容是你此生的職責

主印記為藍猴的你適合從事帶給他人歡笑與幸福的職業，你正是為了達成此任務，才會誕生於此世。你擁有成為藝術奇才的絕佳才華，因此，你相當適合投入喜劇工作、透過唱歌跳舞等表演帶給他人歡笑，或藉由魔術逗樂觀眾。當你看見他人綻放笑容，你往往能感到幸福快樂。此外，你也擁有豐沛的的服務精神，十分好客，加上你具備獨到的創意與感受力，因此能在需要發揮個人特色的創意產業裡一展長才。若從事會掩蓋你個人特質的行政工作或規律上下班的行業，將會埋沒你的才華，而且，你也容易對缺乏變化與獨特性的職場感到厭倦與挫折。接下來是綻放自我的時代，因此，請從事心之所向，避免在意他人的眼光，並抱持這樣的心態選擇職涯方向。

適合的職業

表演人員、演藝人員、創意相關產業、娛樂產業、搞笑藝人、發明家、藝術家。

裡 原本真實的模樣

你的興趣即為你的天職

波符為藍猴的你，此生的天職，即為你的志趣。能否令你躍躍欲試是你挑擇工作的基準，如果工作無法令你開心，你將無法持之以恆，只有在你把興趣化為工作時，你的人生才能迎來幸福。因此，請別被公司的名氣和年收給誘惑，否則，你將迎來失敗。若不喜歡進入公司體系，或認為自己不適應公司文化，那你也很適合成為自由工作者。你有極高的機率能化興趣為工作，取得成功，而且，你將因此拓展出無限的可能性。舉例而言，你可能因為對插花感興趣而持續深入鑽研，最後收穫他人希望你教學授課的請求，甚至在眾人的口耳相傳之下，學生逐漸增多，最終成立班級；又或者，你可能因為熱衷指甲彩繪，最後在自家經營起指甲彩繪沙龍。在這個人生百年時代裡，副業變得至關重要。你熱愛的職業往往能成為你的終生志業，因此，若能投入自己嚮往的行業，你將能自然而然鴻圖大展。

適合的職業

獨立創業、學者、演出人員、自由業、宗教家、占卜師。

透過星際馬雅13月亮曆占星術來解讀

遇見正緣的訣竅&匹配的結婚對象

表 早有自覺的模樣

價值觀相仿、懂得尊重的人最適合你

主印記為藍猴的你十分講究戀愛的愉悅感，因此，你往往希望對方與你擁有共同的興趣、相仿的笑點。能夠和你一同歡度人生的人，最能吸引你的目光。你就算一個人也懂得享受人生，因此即便單身，你也能開心度日。你喜歡在心愛的時節出門旅行、品嘗鍾愛的食物，或參加追星活動，相當討厭自由遭到剝奪。若你渴望邁入幸福婚姻，就必須尋找能夠尊重彼此興趣喜好的另一半。即便對方擁有高學歷且家財萬貫，條件十分優秀，只要沒有共同的興趣，就不是你的適婚對象，和這類型的人結婚，只會使你的人生變得無聊透頂。若能選擇在工作時勤奮努力、休假時盡情玩樂，並且能夠一起開懷大笑的伴侶，你將能每天都幸福洋溢。

和主印記為藍猴的男生順利交往的方法

主印記為藍猴的男生不太在意外表和年紀，他們評判喜歡的標準，是能否一同歡度時光。舉例而言，他們會希望和另一半看電影時，都被同一場戲打動，或兩人擁有相同的笑點，即便什麼都不做，也能一起牽手大笑。

裡 原本真實的模樣

選擇能分享彼此人生觀的伴侶

波符為藍猴的你往往希望自己和戀人都能獨立自主。心靈成熟的你比起建立互相依賴戀愛關係，更希望雙方能保持適當距離。而兩人相處時，若能熱烈分享彼此喜歡的電影和食物，將令你幸福洋溢，若想知道一個人是否為適婚對象，你可以從自己是否能和對方安心相處這點進行判斷。對方是否能善加理解彼此的人生觀和價值觀，與你進行討論，也是判斷基準之一。若利用學歷和年收來選擇對象，將會使你錯失重要的靈魂伴侶，因此，請別只執著於肉眼可見的條件。由於你喜歡接觸靈性，因此前往能量景點將能提升你的戀愛運。推薦你可以去參拜掌管戀愛的神明，向祂祈求好姻緣。

和波符為藍猴的男生順利交往的方法

心靈成熟的他往往希望戀愛關係中的兩人都能獨立自主，不太喜歡束縛與依賴。因此，他嚮往和能夠尊重彼此生活的人交往，並在關係中與對方一同成長進步。若希望和他交往的話，就請和他建立可以共同成長的關係吧！

透過星際馬雅13月亮曆占星術來解讀

幫助開運的小習慣＆生活方法

表 早有自覺的模樣

適時玩樂

主印記為藍猴的你若渴望開運，就必須適時地玩樂。能因享樂而散發熠熠光輝的你一旦缺乏玩樂，運勢便會急轉直下。不過，請別從事降低自身格調的玩耍，而是能夠豐富生命的遊樂。由於你來往的對象或玩樂的場所都同等重要，因此，請務必向優秀人士學習遊樂之道，或是和過著理想人生的人們相處。你往往能從遊玩中習得人生的必要知識，譬如選店妙招、飲酒方法，甚至是招攬桃花的技巧等。生活忙碌的人，務必要學會關閉工作狀態，花時間在遊玩上，比例最好是遊玩70％，工作30％，因為你在玩樂之中獲得的靈感，往往能令你綻放更加耀眼的光芒，使人生更加豐盛。

裡 原本真實的模樣

將靈性導入生活

波符為藍猴的你若渴望開運，就必須將靈性導入生活。你本來就對靈性極富興趣，而且，你也明白，無形的世界比肉眼可見的物質藏有更多重要訊息，因此，你往往對萬物懷抱感恩之心，並懂得向他人表達謝意。若渴望招攬好運，你可以養成積極探索心靈世界的習慣，舉例而言，你可以來場日本能量景點巡禮、參拜掌管收益的神明、在家中擺設神壇、研究風水或學習占卜等。鴻運當頭的人往往都受到神明保佑，為了獲得神明的加持，請務必用心培養靈性生活。

裡

藍猴
的
關鍵字

具備的基本特質

創意無限，幽默感十足

天資聰穎，滿懷玩樂精神

熱衷服務，擅長帶給他人歡樂

能夠開心突破困境

愛好自由，崇尚娛樂

此生的職責

透過娛樂帶給他人歡笑

快樂座右銘

「保持微笑。」

隨身開運小物

手機應用程式

鴻運當頭的前兆

經常有人約出去玩

擁有愛慕的偶像

發現新的興趣

開運場所

祭典

適合結識為友

黃星星

適合發展戀情

白狗

引領你成長茁壯

紅龍

黃人

熱愛自由、才華出眾的專業人士

透過星際馬雅13月亮曆占星術來解讀

我的原貌

表 早有自覺的模樣

隨心所欲、我行我素

主印記為黃人的你，隨心所欲、我行我素，極度崇尚自由，厭惡外在束縛。你認為每個人都是獨立個體，思維各異，因此不易受他人影響。你總依自己方式行事，旁人往往認定你擁有自由的靈魂。這種生活方式源於你內心深處的自由意志——並非任性妄為，而是順從內心、活出自我。若想展現個人風格，請在善加思考自己的理想之後，再決定自己的人生方向。只是長大後，有時需配合他人，此時，請務必依循當下情況，選擇最適合自己的人生方向。

裡 原本真實的模樣

追求為人的根本道德

波符為黃人的你懷有高人一等的道德心與倫理觀念，十分講究為人根本，無法忍受任何不仁不義。你內心正派，時常思索為人之道，宛如一名高僧或哲學家。正因為如此，當你發表出不道德的言論時，你的運氣將會一落千丈，請務必小心留意。走在人生的道路上難免會迷惘，此時，無論旁人如何說三道四，你都應當貫徹自己的信念，堂堂正正地生活，如此一來，你便能鴻圖大展。你也適合成為他人的人生嚮導，在他人對人生感到迷惘時，替他指引道路。如果你能持續發揮自己永不遜色的崇道之心，為社會與世人貢獻，你將能找到屬於自己的生存之道。

透過星際馬雅13月亮曆占星術來解讀

適合的職業＆鴻圖大展的方法

表 早有自覺的模樣

鑽研自己擅長的領域，藉此脫穎而出

主印記為黃人的你能夠在自己擅長的領域成為優秀的專家。你往往能在自己拿手且喜歡的領域投注熱情，深入研究，因此，若能成為該領域的專家，慢慢累積資歷，你將能晉升成為業界首屈一指的專業人士，藉此贏得廣大名聲。終身雇用制的時代已經結束，現在是用自身才華換取工作的年代，即便是上班族，也往往被要求學習新技能。崇尚自由的你，恐怕會覺得自己不適合擔任上班族。因此，當你疲憊時，可以試著改變工作模式，成為自由業者，白手起家。若能習得無人能敵的一技之長，你將能終身衣食無缺。那些兒時擅長的領域、願意傾心投入的事情，或許正藏有你職涯發展的祕密。如果可以的話，請務必及早培養專業能力。

適合的職業

具專業性的工作、技術人員、YouTuber、研究員、師傅、廚師、甜點師、藝術家。

裡 原本真實的模樣

你心中意義非凡的職業最適合你

波符為黃人的你相當重視道德倫理，因此，你往往會對遵循義理、富有理念、能夠實現道德理想的職業深感興趣。比起公司的名氣和年收，這份工作的意義對你而言更為重要。你往往在意公司理念是否明確、自己從事的工作是否能貢獻社會。因此，你相當適合從事傳道授業、彰顯倫理觀念的職業，成為教師、警官、律師、顧問、神職人員和僧侶等需要特殊資格的專業人士。只要從基層開始慢慢累積資歷，你將能成為首屈一指的重要人物。尤其選擇能夠貫徹你人生觀的工作，將能充實你的一生。請發揮道德心與崇高信念，引領社會朝著美好前進吧！

適合的職業

教師、警官、律師、神職人員、僧侶、宗教家、具專業性的工作。

透過星際馬雅13月亮曆占星術來解讀

遇見正緣的訣竅&匹配的結婚對象

表 早有自覺的模樣

選擇能夠包容你自由奔放的伴侶

主印記為黃人的你往往希望談戀愛時也能保有自由，譬如只在自己喜歡的時間、喜歡的場所，和喜歡的人做著喜歡的事情，因此，請務必選擇能夠包容你如此自由奔放的伴侶。非常討厭束縛的你，總會認為時間對得上再見面就好，若時間喬不攏，做各自喜歡的事情、過各自的生活也無妨，因此，渴望如影隨形的對象恐怕無法和你走得長遠。若你渴望結婚，就必須選擇能夠理解你這副本性的伴侶，唯有建立互相尊重彼此人生且各自獨立自主的關係，你才能持續享受自由自在的生活。然而，已讀對方的訊息，或是太久沒聯絡對方的話，容易讓關係產生裂痕，務必時時留意。萬一感情變得平淡無趣，可以和對方安排一場旅行，這麼做肯定能讓兩人之間的火花復燃。

和主印記為黃人的男生順利交往的方法

愛好自由的他往往希望能建立起彼此獨立自主的戀愛關係。他非常討厭被束縛，因此有可能他明明有在用LINE，卻三天才回一次訊息；明明約好周末約會，卻臨時取消等。過度在意的話只會折磨自己，不如接受他愛好自由的個性，交往起來會更為舒適。

裡 原本真實的模樣

不斤斤計較的溫柔對象較適合你

波符為黃人的你對人生有許多執念。由於你明確知道自己的理想，因此你總會固執地堅持己見，比較不擅長配合對方。而且，你也心懷許多嚮往，譬如和朋友到咖啡廳喝茶聊天、出國旅行、花時間栽培興趣等。雖然你相當重視戀人，但你時常會把約會的順位往後擺。因此，若你渴望結婚，就必須選擇能夠理解你的興趣與執著的溫柔之人。若選擇和自己相同類型的伴侶，彼此可能會互不相讓，導致關係破裂。相反地，若選擇能夠換位思考並理解你的人，你將能過上充實的一生。若你有絕對無法讓步的事情，也請務必事先告訴對方。

和波符為黃人的男生順利交往的方法

此生抱有堅定信念的他非常討厭別人的指使與嘮叨，即便你是為了他好才提出建言，對他來說都等同於在暗諷他能力不足。因此，與他來往時，務必尊重他的信念與生活模式。

透過星際馬雅13月亮曆占星術來解讀

幫助開運的小習慣&生活方法

表 早有自覺的模樣

確保自己擁有獨處時光

主印記為黃人的你若渴望開運，就必須有意識地騰出獨處的時間。你是名愛好自由的人，因此待在團體內會打亂你的步伐，進而讓你蒙受壓力。一旦持續下去，便會影響你的身心健康。當你感覺到壓力席捲而來時，我建議你可以來場獨旅。旅行能夠解放你的心靈，讓你重獲自由。不過，請別事先決定目的地，憑藉當下的直覺隨意遊蕩更適合你。也請務必關掉手機和電腦，在一個不受他人拘束的環境裡好好放鬆身心。當你空出時間，面向自己，將能喚醒真實的自我。即便不出遊，你也可以藉由欣賞電影或閱讀來擺脫日常，舒展身心，恢復元氣。

◇◇◇ 裡 原本真實的模樣 ◇◇◇

養成寫日記的習慣

波符為黃人的你可以試著養成寫日記的習慣來幫助你開運。在這個社群普及、資訊爆棚的時代裡，我們很容易會遺失真實的自己。究竟現在的你是活成他人期望的模樣，還是活出自我呢？ 請務必騰出時間內觀自己，養成重整心靈的習慣。瑜珈、冥想或正念當然也能幫助你面向自己，但書寫日記最能讓你觀察到自己每天的心境變化，並帶給你強而有力、無堅不摧的能量與信念。只需每天花十分鐘即可，請試著寫下開心的事、值得感謝的事，以及必須反省改善的事，藉此重整自己。當你感到脆弱不安時，便可以回顧日記，從中找回理想與抱負。

黃人的關鍵字

具備的基本特質

講究挑剔，懷有一支獨秀的才華
擁有自己的生存之道
抱有強烈的自我意識
智商高且感受力敏銳
討厭束縛，崇尚自由

此生的職責

當好人，做好事

快樂座右銘

「不顧一切做自己。」

隨身開運小物

旅行相片

鴻運當頭的前兆

找到想去旅行的地方

能夠適時休息

發現喜歡的YouTuber

開運場所

旅遊勝地

適合結識為友

藍手

適合發展戀情

紅月

引領你成長茁壯

白風

紅天行者

渴望貢獻人類社會的社交天才

透過星際馬雅13月亮曆占星術來解讀

我的原貌

表 早有自覺的模樣

令你澎湃激昂的事物往往能激起你的動力

對主印記為紅天行者的你而言，令你澎湃激昂的事物往往能激起你的動力。你感受力強，靈感源源不絕，總全力以赴地實踐所感。這份豐沛能量，來自你內心深厚的愛與奉獻精神。你樂於助人，無私付出，並擁有超越種族、宗教、國界的博愛之心。你天真浪漫、擅長照顧他人，常成為眾人矚目的焦點，也具備活躍氣氛的魔力。若將這份大愛投注社會大眾，將有改變世界的力量。因此，當熱情升起時，請勇敢行動，並在過程中適時審視自我，便能助你不斷成長。

裡 原本真實的模樣

燃燒愛與勇氣的社會工作者

波符為紅天行者的你是名社會工作者，生來是為了帶給世界歡樂。你性格大器，擁有20種圖騰中最強大的博愛精神，致力於讓愛充滿整座世界。在看見他人展露笑容的瞬間，你往往能幸福洋溢；在感受到自己切身幫助了某個人時，你總能發現自己的存在價值。你此生的任務，即是發揮內心的大愛，盡心盡力解決人類的困惑與社會的問題。因此，請不時在生活中思考自己能如何帶給人類社會快樂，即使從參加志工活動開始著手也沒關係，由能力可及的事情一步一步持續推進即可。不過，感受力豐富的你，恐怕容易過度同理他人的痛苦。因此，能否跟專家合作，而非一肩扛起解決一切問題的責任，是你的重大課題。這世界有許多人都需要你，請好好加油努力！

透過星際馬雅13月亮曆占星術來解讀

適合的職業＆鴻圖大展的方法

表　早有自覺的模樣

能夠服務社會、與人交流的工作即為你的天職

主印記為紅天行者的你性格寬宏大量、擅長待人接物，能夠平等對待男女老少，因此適合從事需要發揮善良人品的工作。而且，你擁有樂於服務人類社會的靈魂，能夠勝任保母、社工、顧問、身心治療師、護士或復健師等職業。若夢想成為上班族，業務部、人事部等需要時常與人打交道的部門也非常適合你。此外，你還擅長發掘、發揚他人的優點，若擔任教師或指導人員，你將能發揮這道長才。請務必選擇與人相關的產業，並迴避電腦機械相關的行業，因為在需要與人來往的職場中，你將能遇上了解你的人格特質，願意提拔你、引領你出人頭地的貴人。而且，在發揮愛心幫助他人後所收穫的感謝，往往能帶給你莫大的成就感，你的心靈也將因此更為富足。

適合的職業

保母、顧問、照護相關人員、業務、人事、教師、社工、工地現場監工人員。

裡 原本真實的模樣

解決社會問題的社會工作

波符為紅天行者的你此生的天職，即為引領社會進步的社會工作。你此世的任務，即是打造眾人皆能安心生活的世界。只要發揮利他精神，選擇能夠貢獻整體社會的工作，你將能取得巨大成功。舉例而言，你可以投身協助開發中國家公平貿易的機構，或是進入關注環保議題的企業等。若能時時抱持為社會與地球貢獻一己之力的心，你將能發揮潛能、燃燒熱情。同時，你也具備在該領域發揮領導能力的潛力，能夠讓懷抱微小心願卻缺乏資金的愛心企業廣獲世人重視，而得以募集到龐大資金，拓展規模。你此生的使命對這個世界而言至關重要，請務必時常抱持著關懷社會的心，去了解當代社會議題與世界所需。

適合的職業

公平貿易組織成員、環保組織成員、社會企業家、銷售人員、NPO或NGO人員、社會福利工作人員。

透過星際馬雅13月亮曆占星術來解讀

遇見正緣的訣竅＆匹配的結婚對象

表 早有自覺的模樣

選擇能夠一同分擔家事與育兒工作的對象

主印記為紅天行者的你對工作與愛情同等重視。本身就樂善好施的你，十分喜歡照顧戀人，總會竭盡心力為對方付出。由於工作和戀愛對你而言同等重要，而且從事喜歡的工作，將使你滿懷動力，因此，若能在工作和戀愛之間取得平衡，你的生活將會幸福洋溢。但也因為如此，當私生活遭逢不順時，將容易影響你的工作狀態，甚至破壞你的身體健康。若渴望步入幸福的婚姻，請務必選擇能夠支持你的事業，並且願意一同分擔家事和育兒工作的伴侶。現今工作模式愈來愈多元，過往「男主外，女主內」的價值觀早已逐漸式微，而且，擔任家庭主婦恐怕會令你滿懷挫折感，現今以雙薪家庭為主的社會肯定反而更適合你。因此，請在交往時，和對方好好溝通未來的規劃。

和主印記為紅天行者的男生順利交往的方法

勤奮的他面對工作和感情皆全力以赴，即便每天忙得不可開交，也依舊惦記著你，因此，就請多多勉勵對方吧！平時見不到面的話，就趁休假日邀約對方單獨來場約會吧！

裡 早有自覺的模樣

與懂得表達感謝的對象最合得來

波符為紅天行者的你容易對需要你、能讓你感受到存在價值的人抱有好感。愛意比他人加倍濃厚的你，若能感覺到自己幫上了對方的忙，或是倍受對方重視，內心將會幸福無比。相反地，一旦你感覺自己一無是處，便容易落入情緒低谷，認為自己和對方在一起毫無意義，或擔心自己得不到對方的喜愛。此時，你將會為了獲得對方的認可，而更加卑躬屈膝。若你渴望幸福的婚姻，就必須尋找懂得感謝並回饋你的愛意，而非視你的付出為理所當然、不知感恩的伴侶，並和對方建立互愛的關係，否則你將容易因過度付出而身心枯竭。若無法做出準確的判斷，就試著問問朋友們的意見吧！

和波符為紅天行者的男生順利交往的方法

波符為紅天行者的男生總是樂於助人，若能多依賴他，將會令他喜不自勝。因此，當你深陷困難，需要他人協助時，與其自行解決，不如詢問他看看。為人可靠的他，肯定會熱心地伸出援手。

裡

透過星際馬雅13月亮曆占星術來解讀

幫助開運的小習慣&生活方法

表 早有自覺的模樣

日行一善

主印記為紅天行者的你若渴望開運，就必須養成日行一善，累積陰德的習慣。滿懷愛心的你往往能透過助人重拾能量，而且，就如同爺爺奶奶總是諄諄教誨積陰德的重要性一般，發揮愛心，為他人無償付出，將會不停為你招來好運。你可以從如撿拾家門前的垃圾、捐款賑災、參加志工活動等能力可及的事情開始做起，並非一定要創下偉大善舉才行。你肯定能切身感受到，你的善意將為世界帶來極其正面的影響。由於你的無私奉獻最終將會化為好運降臨在你身上，因此，請千萬別向他人央求回報。

裡 原本真實的模樣

別忘記為自己注入愛的能量

波符為紅天行者的你若渴望開運，就必須為自己注入愛的能量。你平時究竟有多關心自己呢？ 其實，你容易因為將他人擺在第一順位，而忽略了自身的幸福、工作、健康、戀人和重要的家人。然而，若渴望帶給他人幸福，就必須先讓自己幸福。因此，請為自己補足愛的能量。舉例而言，你可以品嘗美食、從事興趣、購買喜歡的服飾和鞋款、送自己禮物獎勵自己等。此外，也請多花時間陪伴喜歡的人，允許自己享受開心的時光，別視其為奢侈。請務必將「先照顧好自己，才能照料他人」這點銘記在心。

紅天行者
的
關鍵字

具備的基本特質

滿懷服務精神

天真浪漫，倍受寵愛

擅長社交，時常出入各式各樣的場合

人品優秀，於公私領域皆擁獲好人緣

感受力豐富

此生的職責

為了眾人的幸福不遺餘力傾注愛意

快樂座右銘

「為世人付出即為自己付出。」

隨身開運小物

身分證

鴻運當頭的前兆

捐款

捐血

收獲禮物

開運場所

社區

適合結識為友

白世界橋

適合發展戀情

黃星星

引領你成長茁壯

藍夜

白巫師

認真盡責，凡事全力以赴的不屈不撓之人

透過星際馬雅13月亮曆占星術來解讀

我的原貌

表 早有自覺的模樣

滋養精神世界的巫師

主印記為白巫師的你具備靈性能力，以及令眾人神魂顛倒的神奇魅力。正如你的主印記圖騰名稱含有「巫師」一字所示，你很有可能天生賦有靈力、出生自宮廟家庭，或對占卜、靈性及宗教領域抱有濃厚興趣。也因此，你並不擅長應對現實世界，難以在社會上靈活生存。你抗壓性低，不喜歡謀取偉大的事業成就，或爭奪賺錢及出人頭地的機會。疲於嶄露頭角的你，更傾向安穩度日。儘管活著時而痛苦，但也請將其視為靈魂的修行，認真面對眼前的困境。一味追求靈性，逃避現實，將容易令你的想法變得不切實際，甚至遭到欺騙。請務必在現實與靈性之間取得平衡，如此一來，才能開拓你的人生。

裡 原本真實的模樣

寬恕自己是你此生的課題

波符為白巫師的你，此生課題是學會寬恕自己。你常因傷害他人而深感內疚，難以原諒自己。然而，不斷自責只會折磨身心，難以走出錯誤的囹圄。其實，寬恕是療癒的開始，唯有寬恕，才能徹底擺脫負面思維與壓力。現實往往反映內心，令你深陷痛苦的，其實是自己的「心」。請將焦點轉回內在，反思是否有必要不斷譴責自己，是否反而造成更大傷害。請確實實踐以愛為本的生活方式，而非活在恐懼中。只要能從錯誤中學習，並且引以為戒，你的人生將能一帆風順。

適合的職業&鴻圖大展的方法

表 早有自覺的模樣

愈富魅力，離成功愈近

主印記為白巫師的你務必選擇能將魅力化為武器的職業。舉例而言，服飾或化妝品的販售員、推銷員、接待業者、KOL、直播主、廣告模特兒及特種行業人員都相當適合你。由於現代社群普及，你將能因此淋漓盡致地活用與生俱來的美貌與品味。你天生就是行走的廣告看版，能藉此獲得廣大利益。相反地，資訊科技、研究開發等理科產業並不適合你，不過，你能夠勝任其銷售業務。另外，若你因追求財富而踏入不動產投資或股市，請務必留意危險，因為你容易落入詐騙的圈套，而以失敗收場。既然投資金融產品容易招致損失，不如好好投資自己。提升魅力將能為你創造數以百計的利益，當你愈加投資自己，拓展自身魅力，你將愈有機會獲得財富、地位及人脈等渴望的東西。

適合的職業

服飾及化妝品相關產業、KOL、藝人、接待業、藝術家、演員。

裡 原本真實的模樣

適合從事對社會而言不可或缺的職業

波符為白巫師的你此生的天職，即為服務人群的職業。對你而言，幫助、支援有困難的人，成為他人的後盾，並獲得他人的感謝是你生命意義所在，因此，成為醫生、顧問、護理師、照護員、消防員等對社會而言不可或缺的重要工作人員，為有難之人貢獻心力，將能令你滿懷成就感。此外，你也適合從事服侍客人的職業。在你累積工作資歷時，請務必以「貢獻人類社會」為目標，千萬別汲汲營營於金錢、地位或名譽等一己私利，否則，你的工作運勢將會一落千丈。當你懂得幫助他人時，你的服務精神將會獲得崇高讚賞，自然而然能脫穎而出。只是，工作畢竟和從事志工不同，所以，請務必選擇能確實收獲對等感謝的職務。

適合的職業

醫療業、照護業、消防員、服務業、療癒師、顧問。

透過星際馬雅13月亮曆占星術來解讀

遇見正緣的訣竅&匹配的結婚對象

表 早有自覺的模樣

受歡迎的你必須培養挑選對象的眼光

主印記為白巫師的你是20種圖騰之中最受歡迎的愛情勝利組。正如你的主印記圖騰名稱所示，你身上獨特的魅力具有讓他人喜歡上你的魔力，當你向對方發出愛的電波時，對方往往會在悄然之間迷戀於你。因此，你能輕鬆吸引愛慕對象的注意。不過，儘管你受人歡迎，卻經常分不清楚誰才是你的真命天子，而且，你的情路也並非一帆風順，有時也會遇上沒興趣卻死纏爛打的對象，或遭人跟蹤等。若你渴望步入幸福的婚姻，就必須善加培養挑選對象的眼光。你生性單純，容易輕信他人，萬一喜歡上對愛情和財務皆敷衍了事的男人，將會令你吃盡苦頭。因此，請善加觀察對方究竟為何喜歡你，了解對方除了你的容貌以外，是否同時也欣賞你的個性。

和主印記為白巫師的男生順利交往的方法

若喜歡上魅力十足、異性緣佳的他，你將會遇上許多情敵，而且，主印記為白巫師的男生往往優柔寡斷，與他人之間的界線曖昧不清。因此，請從平時就確實表明你的立場，告訴對方你能夠容忍的範圍，以及你厭惡的行為。請努力讓對方認真投入這段感情，別讓他人有機可乘。

裡 原本真實的模樣

即使遭逢脅迫，也要鼓起勇氣反抗

波符為白巫師的你生性被動，往往會對善於主導的人抱有好感。而且，正因為你不擅反抗，所以你往往拒絕不了強烈追求你的對象。因此，你擁有不少違背真心，勉強與對方交往的經驗。你容易喜歡上願意肯定你、愛你的人，而當對方愈是追求你，你也愈能敞開心房，墜入愛河。若你渴望步入幸福的婚姻，就必須擁有如實表達自身意見的勇氣，你討厭因為發表主見而和對方起爭執，或因此惹怒對方。所以，即便內心早有定奪，你也會埋藏心裡，選擇隱忍，採納對方的意見。然而，一旦持續採取這樣曖昧不清的態度，往往會深深地傷害自己，並非好事。因此，請在事態變嚴重之前盡早解決，也務必要對自己抱有自信。

和波符為白巫師的男生順利交往的方法

性格被動的他基本上不太會主動發起戀愛攻勢，因此一味地等待他出擊，將難以推進戀情，所以，請試著積極地接近對方吧！波符為白巫師的男生喜歡老實人，只要直接了當地表達心意，就很有機會能吸引對方喔！

透過星際馬雅13月亮曆占星術來解讀

幫助開運的小習慣＆生活方法

表 早有自覺的模樣

確實祭祖，並於月初前往廟宇參拜

主印記為白巫師的你若渴望開運，就必須於每個月月初前往廟宇參拜，並且確實祭祖。由於你能夠連結無形的靈性世界，因此養成祭拜神佛、供養祖先的習慣，將能令你鴻運當頭。相反地，疏忽這些重要的事情，只著眼於自身利益，將會令你的運勢瞬時一落千丈。若你明明積極努力，人生卻依舊毫不起色，很有可能正是因為如此。若你渴望開運，就必須每天雙手合十，向神佛表達謝意。生活忙碌的人，也可以在心中默默感謝，如此一來將能提升你的運勢。若你渴望成功，請務必釐清自己的動機，究竟你是為了滿足私欲，抑或是為了幫助世界，將決定宇宙是否願意成為你的後盾，也將大幅影響你的命運。一旦被私欲蒙蔽了雙眼，將會汙染白巫師與生俱來的純粹，請務必小心留意。若覺得自己最近身心有些渾沌，我建議你可以淨化身體，或是前往空氣清新、舒適宜人的地方舒緩身心。

◇◇◇◇◇◇◇◇◇◇ 裡 原本真實的模樣 ◇◇◇◇◇◇◇◇◇◇

提升自我意象

波符為白巫師的你若渴望開運，請務必提升自我意象。「自我意象」指的是自己對自己的認識與評價，若自我意象低，將容易以負面的視角看待事情，在不知不覺間選擇走向顛簸的人生。尤其當你不愛自己時，你更容易陷入自我責備、自我否定的迴圈，而「討厭自己、無法原諒自己」等自我意象，往往是造成運勢下滑的主要原因。不過，你能夠決定你的自我意象，他人無權干預，換言之，你能夠將人生轉換為期望的模樣。只要抱持「我是最棒的」、「我極具價值」等自我意象，運勢將能一飛沖天。而且，靈魂單純的你一旦把持不住自己，便容易受外界影響，因而改變自身命運。你的命運操之在己，而非掌握在他人手上，因此，請想像快樂的自己，並走出快活的人生吧！

白巫師的關鍵字

具備的基本特質

凡事努力不懈、不屈不撓

具有迷倒眾人的魅力

直覺敏銳、感受力豐富

為他人盡心盡力

擁有優秀的靈性能力

此生的職責

包容、關愛自己與他人

快樂座右銘

「荷歐波諾波諾。」

（夏威夷語中的幸福咒語）

隨身開運小物

神諭卡

鴻運當頭的前兆

感覺自己被愛包圍

看見彩虹

抽到象徵好運的神諭卡

開運場所

能量景點

適合結識為友

紅蛇

適合發展戀情

藍手

引領你成長茁壯

黃種子

藍鷹

擁有遠見與邏輯的頭腦派

透過星際馬雅13月亮曆占星術來解讀

我的原貌

表 早有自覺的模樣

能夠看穿本質的聰明人士

主印記為藍鷹的你，具備看穿本質的天眼，聰穎過人，擅長洞察全貌，由於你鮮少受情緒或複雜資訊影響，因此你不易失誤。過於冷靜的你時常帶給人冷漠的印象，讓他人覺得你冷酷無情。此時，只要多些微笑與情感表達，他人便能看見你的善良。你此生的任務，即是運用洞察力探究真相，從多角度驗證，並給予煩惱的人明確建議。在職場中，你能藉由提出方案或發揮才能幫助他人，獲得成就感與存在價值。當你用頭腦左思右想仍舊得不出答案時，就用心感受看看吧！

裡 原本真實的模樣

透過志業學習人生智慧

波符為藍鷹的你注定要透過志業學習人生智慧。所謂的志業，即指你命中注定要投入的工作，因此，請務必窮盡一生找尋你真正的天職。你生來就備受工作之神眷顧。即便和愛人結婚生子，成為家庭主婦，也很有可能發現自己居然仍舊關懷著社會。若你找不到存在的價值，覺得心煩意亂的話，請務必尋找一件願意窮盡一生奉獻一己之力的工作。工作是磨練你靈魂的重要管道，你將透過工作明白自己能如何貢獻社會、如何和同事及客戶維持良好關係、必須努力不懈才能達成目標，以及克服困難實現夢想有多艱辛等許多道理。同時，你也將從中獲得成就感與欣喜。

透過星際馬雅13月亮曆占星術來解讀

適合的職業＆鴻圖大展的方法

表 早有自覺的模樣

工作是你生活的動力，請盡情投入工作

主印記為藍鷹的你往往期望藉由工作達成自我實現。聰明的你腦筋靈活，能運用天生的談判能力和表達能力與每個人商談，締結契約，並獲得眾人的景仰，迅速出人頭地。擁有先見之明且擅長溝通的你，相當適合擔任老闆、業務、銷售員、商品開發人員、談判專家或律師，不適合從事行政等內容固定的職業，因為這類型的工作往往令你感到空虛乏味。事業成功是你生活的動力，若能把事業成功視為人生目標，你將能獲得充實的人生。因此，請避免隨意辭職，若因為結婚而離開自己長年就職的公司，將會令你後悔莫及。當你走到人生的十字路口時，務必要審慎選擇未來的道路。

適合的職業

老闆、業務、銷售相關人員、商品開發人員、律師、外商員工、廣告宣傳人員、科技業。

裡 原本真實的模樣

全心全意投入工作，別受旁人影響

波符為藍鷹的你務必找到只有你能勝任，而且能夠貢獻人類社會的工作。你天生受工作之神眷顧，擁有絕佳的事業運，能活躍於各行各業。對你而言，工作能為你帶來成就感，因此將工作擺在首位才是最完美的生活平衡。即便旁人勸你不要太專注於工作，應當適時遊玩，甚至催你結婚，你也都別放在心上，請朝著嚮往的道路邁進，避免受他人的聲音左右。思路清晰、洞察力強的你得以勝任任何職業，若踏入公司體系，適合成為策畫人員，若獨創品牌，則適合成為規劃師、分析師、評論家、律師或會計師等專業人士。不過，若只是渴望賺錢，將容易讓你失去動力，因此請選擇能夠幫助客戶及社會，而且只有自己能勝任的「志業（能夠完成自己此生使命的工作）」。對你而言，讓人生充滿工作才是最幸福的。

適合的職業

策畫部門人員、規劃師、分析師、評論家、律師、會計師、經營顧問。

透過星際馬雅13月亮曆占星術來解讀

遇見正緣的訣竅&匹配的結婚對象

表 早有自覺的模樣

展現真實的自己，避免隱藏心意

主印記為藍鷹的你生性害羞且慢熱，尤其在喜歡的人面前，你容易驚慌失措、裝作冷漠無感，甚至會採取違背真心的態度對待對方。你應該很有可能有過明明喜歡對方，卻因不擅表達心意，而讓原本有譜的戀情告吹的經驗。若你渴望結婚，就必須練習如實表達自身感受，不必展現出工作時的強勢，也無需刻意裝成人氣女王。請大方自然的和對方交流心聲，避免隱藏本性。展現真實的自己至關重要，肯定會有人覺得你平時少見的可愛模樣極具魅力，因而對你砰然動心。約會時，記得少聊工作，多談談對方的興趣和喜愛的食物，喜歡美酒和美食的你，肯定能因此在飯桌上展露出最真實的笑容。

和主印記為藍鷹的男生順利交往的方法

主印記為藍鷹的男生往往態度冷酷，不太會流露內心情感。由於他不擅表現愛意，因此你不容易知道他是否喜歡你。不過，請務必明白，儘管他看似傲嬌，事實上卻非常在乎你。

裡 原本真實的模樣

適時關閉工作模式，將工作拋在腦後，盡情玩樂

波符為藍鷹的你容易優先處理工作，而把戀愛暫放一邊。你也經常在下班後因與同事聚餐而晚歸，或在假日陪同客戶打高爾夫球。你時常犧牲自己的私人時間，而導致自己缺乏時間約會。然而，一旦持續拒絕朋友的邀約，朋友便會漸漸不再約你，你認識人的機會也將逐漸減少。不過，你容易在與職場同事或客戶的聚餐中與他人締結緣分，進而發展戀情。若你渴望結婚，請務必適時切換自己的狀態，在下班時關閉工作模式，將電腦和公務手機關機。當你察覺自己總是因工作而犧牲私人時間時，請務必立即調整工作與生活之間的平衡。若能花費時間在興趣與學習，或是積極累積工作以外的人脈，你將能遇上真命天子。

和波符為藍鷹的男生順利交往的方法

波符為藍鷹的男生通常是名工作狂，對他們而言，假日出差或接待客戶理所當然。因此周末恐怕也難以見面。或許你會因此有些寂寞，不過請放心，他並非對你毫不關心，只是因為他能從工作中獲得生活動力而已。此外，由於他喜愛美食，因此邀請他一同用餐，溫飽他的胃，將有效促成你們的戀情。

透過星際馬雅13月亮曆占星術來解讀

幫助開運的小習慣＆生活方法

表 早有自覺的模樣

確實立定人生目標及計畫

主印記為藍鷹的你若渴望開運，就必須確實立定人生目標及計畫。請別漫無目的地度過此生，唯有立定計畫，朝著目標邁進，你才能迎向理想人生。尤其你注重現實，與其懷抱理想、做白日夢，不如朝著能夠實際達成的目標一步一步前進。此外，請務必選擇能夠最早達成目標的方法和手段。即便旁人認為你總是為了找到理性可行的前進方法精打細算，也請別在意他人的聲音。究竟你是漫無目的地度過此生，抑或掌握著自己的人生，將大幅影響著你的命運。請確立好目標，在這個人生百年時代裡，成為理想的自己。

◇◇◇◇◇◇◇◇◇◇ 裡 原本真實的模樣 ◇◇◇◇◇◇◇◇◇◇

培養興趣與志業

波符為藍鷹的你若渴望開運，就必須培養興趣與志業。工作狂的你容易在不知不覺中將全部心力投諸工作，而一旦過度注重工作，將會導致生活失衡。因此，培養工作以外的興趣將能令你的人生更加豐富精彩，尤其你平常容易頭腦過度，所以最好能從事瑜珈、皮拉提斯、散步、慢跑等能夠活動身體、讓頭腦休息的興趣。而且，運動能「讓運氣流動」，將有助於開運。此外，修養生息也能幫助你活化腦筋，讓你想出能夠活用於工作的好點子。請務必在忙碌的日子裡適度休息，試著調配時間，讓自己每週都能騰出一段時間從事興趣。

藍鷹的關鍵字

具備的基本特質

腦袋機靈，擁有先見之明

擅長發想精湛的策略

冷靜知性，能夠綜觀全局

得以運用高超的分析能力解決問題

行動力高，喜歡美食

此生的職責

透過工作幫助人類社會

快樂座右銘

「有志者，事竟成！」

隨身開運小物

西裝

鴻運當頭的前兆

接待他人的機會蜂擁而至

準備要和上司單獨面談

預約到人氣餐廳

開運場所

職場

適合結識為友

黃種子

適合發展戀情

白世界橋

引領你成長茁壯

紅蛇

黃戰士

滿懷挑戰精神，勇敢堅強的行動派

透過星際馬雅13月亮曆占星術來解讀

我的原貌

表 早有自覺的模樣

暗藏超群智慧和挑戰精神的賢者

主印記為黃戰士的你是名賢者，能夠在人生的道路上發揮過於常人的智慧與挑戰精神，活出機智人生。比起消極被動，積極進取更能令你鴻運當頭，而瞻前顧後、灰心喪志地生活，則將令你的運勢一落千丈，換言之，隨時保持鬥志是你人生開運的關鍵。絕頂聰明的你擅長閱讀、學習、分析歷史資料與情報。比起倚靠直覺行事，你更傾向依循真理與證據。然而，一旦你說服不了自己，就會變得猶豫不決，反而容易導致自己故步自封，因此，請在下不了結論時，遵循直覺。人生將反覆經歷各種挑戰，請持續燃燒你的挑戰精神，勇敢向前邁進。

裡 原本真實的模樣

性格剛強、永不服輸的善戰之人

波符為黃戰士的你具備善戰的DNA，性格剛強，永不服輸，宛如一名戰士般，具有突破重圍、跨越難關的強韌，以及愈挫愈勇的堅強心智。你很有可能天生身體健壯，能夠發揮強悍的體力與精神，於運動界嶄露頭角。只是，當你開啟戰鬥模式，便容易與他人發生爭執，而爭執正違反了「愛」這道宇宙法則，將會令你的運氣一落千丈。因此，除了小心留意之外，也請專注提升自我，避免與人爭鬥。請記得以自我成長為目標，並懷抱愛與和平面對任何事。

透過星際馬雅13月亮曆占星術來解讀

適合的職業＆鴻圖大展的方法

表 早有自覺的模樣

選擇能從挑戰中成長的工作

主印記為黃戰士的你最適合從事能夠激發你挑戰精神的職業。挑戰是你的本能，因此，你能宛如英勇的戰士一般，朝著難若登天的高遠目標邁進。比起單調規律的工作，你更適合得以透過努力贏得實際成就的行業，譬如佣金制業務、責任制職位、創業家或專案領導員等都相當適合你。此外，從事科技業等需要邏輯思考能力與堅強心智的職業也能令你滿懷成就感，若你喜歡運動，你也適合擔任運動選手或教練，發揮你優秀的運動細胞。對你而言，能否藉由工作自我提升至關重要。能夠輕鬆解決的工作往往令你感到無趣，恐怕很快就會厭膩。因此，請多方嘗試各種職業，其中，能夠讓你獲得成就感與生命價值的工作，即為你的天職。

適合的職業

佣金制業務、企業家、科技業人員、運動選手、教練。

裡 原本真實的模樣

藉由工作解決社會問題，伸張正義

波符為黃戰士的你最適合從事解決社會問題的行業。你正義感強烈，總是期望能改善社會，因此，內容單調、只能賺錢的工作無法滿足你。你總是致力於實踐社會正義，渴望有效解決社會問題。只要是為此，即便過程飽受批評，你也不會動搖你的信念。無論這條路多麼複雜艱辛，直到達成目標以前，你都能樂在其中。因此，投入社會企業，幫助因歧視、偏見、貧困、性少數而受苦的人，或從事SDGs等關懷世界的全球性事業，將能令你獲得成就感。能夠激發你挑戰精神的工作，才能讓你發揮最大的潛能。

適合的職業

社會公益事業、SDGs相關事業、社會企業家、律師、學者。

裡

透過星際馬雅13月亮曆占星術來解讀

遇見正緣的訣竅＆匹配的結婚對象

表 早有自覺的模樣

結婚不同於戀愛，請選擇愛自己的人

主印記為黃戰士的你是名積極戀愛的「肉食女」，總是熱情追求目標對象，主動接近對方，吸引對方的注意。無論對方是否有另一半，你似乎都樂於勾引對方。雖說如此，你終究是名聰明人，會清楚計算是否有成功交往的勝算，一旦發現和對方毫無可能，便會機靈地放棄追求。此外，你也容易捲入複雜的愛情紛爭裡，因此，請務必只追求單身對象。儘管談戀愛時，你喜歡追求所愛，但若論及婚嫁的話，請務必選擇愛自己的人。這麼做，你才能過上充滿粉紅泡泡的幸福婚姻生活。若選擇的對象擁有連自己都無法企及的卓越年收或學歷，將能令你們愛的火花綿延不息。

和主印記為黃戰士的男生順利交往的方法

主印記為黃戰士的他一旦喜歡上一個人，便會不惜一切吸引對方。難度愈高，愈能激起他愛慕的火花。請務必善用他這項特質，避免主動接近他。讓他追求你，才能勾起他的興趣與關心。

裡 原本真實的模樣

培育能夠互相成長的愛情

波符為黃戰士的你會為了愛人燃燒自己。你深知，人是為愛而生，而且你率真又專情，總是渴望為愛人盡心盡力，因此，比起被愛，你更渴望愛人，即便遭逢困境，你也會努力和對方攜手度過。只是，這只侷限於一般戀情。若捲入三角關係，或是不被旁人祝福的戀情，我建議你盡早退出。若你渴望步入幸福的婚姻，請務必持續投注關愛，努力帶給對方幸福、讓對方過上歡樂健康的生活，或引領對方在事業上取得成功。當你持續為對方付出，對方肯定會回報你這份真摯的愛。只是，別讓自己為了愛而自我犧牲，這並非真心誠意，反而會破壞關係。因此，當你怦然心動時，務必先暫緩行動，思考這份愛是否能讓兩人都邁向更好的人生。

和波符為黃戰士的男生順利交往的方法

波符為黃戰士的男生對待感情認真且誠摯。他往往希望對方眼中只有自己、只愛自己，就連你和其他的男生出遊，都可能會令他排斥。若他對你有些好感的話，可能會對你管東管西，甚至容易發怒。因此，請把目光都放在他身上，別四處捻花惹草。

透過星際馬雅13月亮曆占星術來解讀

幫助開運的小習慣&生活方法

表 早有自覺的模樣

先行動再思考

主印記為黃戰士的你若渴望開運，就必須改掉愛思考的習性。你習慣使用左腦，容易在展開行動前先客觀分析資訊。儘管眾人皆認定你天資聰穎，擁有豐富的思考能力與觀察力，但你也容易因此下不了決心，遲遲不敢採取行動，導致進度延宕，進展緩慢，或缺乏隨機應變的能力，無法靈活應對突發狀況。此外，一旦你強烈展現出理性的一面，也容易會被旁人認為無情且無趣。因此，請先養成「先行動再思考」的習慣，當你反覆從實踐中獲得回饋時，你將能找到適當的解決之道，腦中也將能浮現好主意。而且，你比任何人都勇敢堅強。所以，先踏出第一步，並徜徉在找尋後續解決方法的過程，將是你最佳的開運之道。採取行動之後，肯定有幸運在未來等著你。

裡 原本真實的模樣

相信自己擁有無限的可能性

波符為黃戰士的你若渴望開運，就必須相信自己擁有無限的可能性。你的潛能遠超乎你的想像，而且，你也暗藏實現理想目標的實力。只是，一旦你裹足不前，將可能會畫地自限，限縮了自身的可能性，因此，請養成每天在心中提醒自己潛力無限的習慣。你內心肯定希望能在此生取得崇高成就，而且，若是為了人類社會，而非自己，你將能無畏任何微小犧牲。請確立自己的目標與目的，反思自己是為了什麼而活著，又是為了什麼而付諸行動，而非思索行動的方法。當你懂得相信自己時，你將能發揮意想不到的潛能。

裡

黃戰士
的
關鍵字

具備的基本特質

滿懷挑戰精神的行動派

為人正直，絕不撒謊，坦率真誠

勇於接受任何挑戰

擁有堅強的心智

喜歡成敗、數字績效等明確的目標

此生的職責

展現突破困境的勇氣

快樂座右銘

「我能夠跨越任何逆境。」

隨身開運小物

運動服

鴻運當頭的前兆

解決問題

找到目標

渴望活動身體

開運場所

健身房

適合結識為友

藍夜

適合發展戀情

紅蛇

引領你成長茁壯

白世界橋

紅地球

重視與他人的羈絆
關愛身邊夥伴的愛心人士

透過星際馬雅13月亮曆占星術來解讀

我的原貌

表 早有自覺的模樣

為守護地球而生的地球工作者

主印記為紅地球的你是為守護地球而生的地球工作者。又稱作「地球保衛員」的你是名愛心戰士，為了解決地球上發生的種種問題，保護地球免於危險，才來到這顆星球。你十分關注環境保育計劃、造林運動、防止地球暖化、減少二氧化碳排放、愛護動物、糧食危機及廢止核武器等議題，希望自己能當名領頭羊，解決地球的問題。由於你和地球意識緊密連結，因此天候不佳時你容易頭痛，甚至得以敏銳察覺地震及災害來臨前的地球變化。只要你愈關心地球，你的生活就會愈常發生共時性，因此，請積極投入保衛地球的工作吧！ 還沒展開行動的人，可以先從小事開始著手。舉例而言，你可以先從不浪費食物、調整冷氣的溫度設定、撿垃圾等能力可及的事情開始做起。

裡 原本真實的模樣

負責運用愛與羈絆團結地球

波符為紅地球的你，此生的職責即是運用愛與羈絆團結地球。性格穩重的你十分重視人際，擅長發揮柔情集結眾人。和志同道合，並且同樣重視緣分的靈魂伴侶一同行動，往往能令你充滿幹勁。你強烈渴望發揮一己之力，促成素未謀面的人們團結一心，藉此貢獻人類。為此，你不停思索凝聚眾人的方法。因此，你很有機會成為眾人信賴的領導者，透過自身的才華，讓世人得以跨越人種與膚色相親相愛，同時打造跨越國境、全球共享的資源。

透過星際馬雅13月亮曆占星術來解讀

適合的職業＆鴻圖大展的方法

表 早有自覺的模樣

為地球的未來
努力奮鬥的地球工作者

主印記為紅地球的你此生的天職，即為和環保有關的工作。又稱作「地球保衛員」的你，生來就是為了保衛地球。因此，你的根本使命，即是投身地球環境保育活動，留給後世一顆湛藍美麗的星球。這樣的你，適合投入能源、生態環境及海洋保育、動物保護、農業，或SDGs（永續發展目標）等產業。當你從能力可及的事情開始著手後，你將能獲得許多協助，促成你展開改變人類意識的行動。擅於理解微妙人心的你，也適合從事諮商師、心理治療師等與療癒人心的職業。你能夠確實傾聽他人的心聲，並提供最合適的建議。請為了地球及地球人的幸福，貢獻一己之力吧！

適合的職業

能源產業、環保產業、農業、諮商師、心理治療師、花藝師。

裡 原本真實的模樣

藉由藝術整合地球意識

波符為紅地球的你天生具備藝術與藝能方面的才華，加上你此生的職責即是集結人心與意識，因此，你能夠在得以跨越國境的藝術與藝能產業一展長才。舉例而言，音樂的力量無遠弗屆，得以連結眾人的心扉，電影、繪畫與文學等藝術作品亦能打動人心，帶給他人感動。因此，你此生的天職，即為歌手、音樂家、舞者、藝術家、小說家、作家、演員等職業。若你渴望累積資歷，請盡早發現自己的長才。如同原石沒有經過打磨，將無法成為璀璨的鑽石一樣，進入鍛鍊藝術與藝能才華的學校、專門學校或研究所就讀，對你而言是個好選擇。即便已經步入職場開始工作也無妨，在這個人生百年時代，你隨時都有機會施展才華。請別輕言放棄，持續努力精進才能吧！

適合的職業

藝人、舞者、藝術家、小說家、作家、演員、文字工作者、主持人、配音員、講師、播報員。

透過星際馬雅13月亮曆占星術來解讀

遇見正緣的訣竅&匹配的結婚對象

表 早有自覺的模樣

理性重視自身情緒，切勿感情用事

主印記為紅地球的你是20種圖騰中最深情的人。你十分重感情，一旦喜歡上對方，將永不變心。此外，溫柔的你總是會優先考量對方的心情，將自身情緒擺在最後。由於你懷有強大的同理心，因此當沒興趣的對象追求你，你可能會難以果斷拒絕。有時，明明愛意已經淡去，也容易因為放不下過往的恩情，而無法斷絕關係。你甚至還會罔顧自身心情，配合對方。因此，若你渴望步入幸福的婚姻，就必須保持理性，切勿感情用事。一旦無法斬斷孽緣，將永遠得不到幸福。因此，你必須適時狠下心切斷關係，若還擁有前任的電話號碼，請盡早刪除。如果還留戀對方，難分難捨，就和朋友們聊聊，或是參拜斬斷孽緣的神明，也請你理性地思考判斷，對你而言，對方究竟是不是良緣。

和主印記為紅地球的男生順利交往的方法

看重人情的他擁有許多朋友與職場夥伴，因此，有時即便你渴望在周末享受兩人約會，他卻得要出門交際應酬。若你能包容理解他，將能令他安心。

裡 原本真實的模樣

建立心靈羈絆

波符為紅地球的你總是期望能建立心靈羈絆。重視交流的你即使無法和戀人會面，也會希望彼此能互相聯繫，心心相印。不過，你往往需要花費一段時間才願意敞開心房。你不喜歡初次見面的對象擅闖你的內心世界，然而，即便一開始你有些防範，在你們對彼此的了解加深後，你也會逐漸敞開心房。若你渴望步入幸福的婚姻，就必須和對方締結無堅不摧的羈絆。你必須確信，無論發生什麼事、遭逢什麼困難，只要和這個人在一起，就絕對能迎刃而解。不過，請特別留意，一旦過於感情用事，將容易令你陷入不倫戀，或是投入不受婚姻約束的自由戀愛。因此，在追尋幸福的途中，也請別過度依賴對方，務必重視自身的心情。

和波符為紅地球的男生順利交往的方法

容易寂寞的他常常希望能感覺到你在身旁。因此，即便因為忙碌無法見面，也務必頻繁聯絡，加深羈絆。當你們彼此心心相印，任何風雨都阻撓不了你們。

透過星際馬雅13月亮曆占星術來解讀

幫助開運的小習慣＆生活方法

表 早有自覺的模樣

以環保生活為目標

主印記為紅地球的你若渴望開運，就必須積極過上環保生活。所謂的「環保」，即指愛護環境的生活方式，以及對地球友善的措施。身為地球保衛員的你，肯定對地球的現況抱有危機意識，並認為自己必須有所作為。因此，你可以試著展開有機生活，從挑選不添加化學物質的天然食物、衣物及化妝品開始做起。光是採取健康的飲食生活，就足以改善你的身體狀況和能量平衡，令你的運勢一飛沖天。你的肌膚也將變得光滑透亮，整個人散發光芒，吸引更多幸運降臨。當你率先響應，不僅能對周遭人士帶來良好影響，也可以讓環保生活更加廣為人知，貢獻地球。就請積極散播對地球的愛吧！

裡 原本真實的模樣

與地球孕育的生命互動

波符為紅地球的你若渴望開運，就必須與地球孕育的生命互動。舉例而言，你可以養隻寵物在身邊陪伴自己，若你的住家無法飼養寵物，也可以在房間擺放觀葉植物或花朵當裝飾。當你和地球孕育的生命互動，你將能獲得大自然的生命力，擁有好運體質。你也可以隨身攜帶水晶礦物、能量石，或將它們製成鑰匙圈、手環及飾品等配戴在身上。我也推薦你有空時，可以前往動物園或水族館，與陸地和海洋的動物，海豚、魚類等地球孕育出的生命互動。你也可以定期冥想，感受大地的能量。只要前往可以連結大地生命的地方，就能為你開啟好運。

裡

紅地球
的
關鍵字

具備的基本特質

號召眾人的領導魅力
心地善良，擅於打動人心
生性浪漫，容易感到寂寞
讓眾人產生共鳴與共感的藝術天分
是名守護地球的地球工作者

此生的職責

保護地球，集結世人意識

快樂座右銘

「地球只有一顆。」

隨身開運小物

購物袋

鴻運當頭的前兆

感受到地球的鼓動

突然想聽音樂

加重對環保議題的關心

開運場所

大自然

適合結識為友

白風

適合發展戀情

黃種子

引領你成長茁壯

藍手

白鏡

追求純淨美麗的認真老實人

透過星際馬雅13月亮曆占星術來解讀

我的原貌

表 早有自覺的模樣

維持社會秩序的角色

主印記為白鏡的你，今生的職責是維持世界秩序。你正直誠實，正義感強，非常討厭邪門歪道與擾亂秩序、失信等行為，重視規律與紀律。你時常質疑這個政治人物醜聞與企業悖德氾濫的現代與混亂社會的紀律，也經常追求正確的定義。此外，一旦遇上不符合你價值觀與判斷基準的事情，你往往會難以接受，給予嚴厲批評。在這個世界上，每個人都擁有各自不同的價值觀，若你能保持彈性，包容接受，你將能活得更為輕鬆。雖然我們無法強行灌輸他人自己內心的正道，但為了讓社會朝正確的方向前進，你必須貫徹你內心藏有的秩序。請發揮你平等仁慈的愛心，引領世人依循一定的紀律，安心度日。

裡 原本真實的模樣

心靈狀態左右著你的命運

波符為白鏡的你認為懷抱禮節與敬意尊重他人十分重要。心思成熟的你，常給人穩重的印象，即使不用別人教，也能擁有強烈的道德觀與完善的是非觀。許多波符為白鏡的人都十分關心心靈領域，並且領悟許多道理，彷彿天生就已明白精神層次有多麼重要。你心靈的狀態往往也反映於你的現實生活中，當你陷入負面情緒，或人生陷入低潮時，請務必整頓內心，現實將會有著眼的改變。舉例而言，你可以執行正念冥想，或參拜神社，見見神明。盡早察覺內心的煩躁，並且將之拋諸腦後，維持心靈平穩的狀態，將能為你開啟好運。當你愈常清淨你的內心，你將愈能明白你應當前進的道路與執行的任務。

透過星際馬雅13月亮曆占星術來解讀

適合的職業＆鴻圖大展的方法

表 早有自覺的模樣

忠實正直的公司職員

主印鏡為白鏡的你個性嚴謹認真，非常適合從事公務員、製造商員工、銀行員、貿易公司員工等穩定的職業，人事、總務等必須完美達成任務的部門也很適宜。你能夠勝任任何文書工作，也可以從事會計，因為在這份工作中，你將能展現細膩的優點。而且，你視刻苦耐勞為美德，擅於遵守承諾公司的紀律與慣例。相反地，你不適合進入新興企業，或從事業務、企業家等需要白手起家的行業。若你渴望鴻圖大展，就必須開拓視野，對各式各樣的領域抱有興趣，而非專注於一間公司或職業。終身雇用制的時代已經結束，現在是斜槓時代。請懷抱更多的彈性規劃人生吧！

適合的職業

公務員、銀行員、貿易公司行政、一般文書、祕書、人事人員、總務相關人員。

裡 原本真實的模樣

能透過克服逆境獲得成就感的工作最適合你

比起輕而易舉的工作，波符為白鏡的你更能從可以透過克服逆境獲得成就感的工作中拾獲動力。你認真且盡責，明白努力才會成功，因此，你能比他人加倍努力，取得成就。是故，你相當適合從事能夠發揮強大心智與刻苦耐勞精神的工作，如佣金制業務、企業家、師傅、運動員及運動選手等。此外，能夠發揮過往精彩人生經驗的職業，如老師、占卜師、療癒師及神職人員等也都相當適合你。選擇職業時，除了追求地位、名譽或金錢等物質上的成功之外，能否從工作中獲得成就感，補足精神，也是重要指標。若你渴望鴻圖大展，請務必保持謙虛。請注意，傲慢會招致失敗，無論身處何處，都請帶著謙虛的心，朝高遠的目標邁進。

適合的職業

佣金制業務、企業家、運動選手、教師、占卜師、療癒師、神職人員。

裡

透過星際馬雅13月亮曆占星術來解讀

遇見正緣的訣竅＆匹配的結婚對象

表 早有自覺的模樣

放下執著與條件，找尋怦然心動的對象

主印記為白鏡的你渴望安定穩固的戀情。不過，你在戀愛及婚姻裡思想固執，有自己的要求，也總會嚴格地挑選交往對象。你期望能在適婚年齡前遇上真命天子，並與他結婚生子，成立家庭，而且，你也傾向選擇視傳統婚姻為理想、學歷高、工作優秀且收入穩定的對象，只要對方與你價值觀稍有不合，你便會放棄喜歡對方。此外，你總是能瀟灑迅速地斬斷緣分。若你渴望步入幸福的婚姻，就必須放下對對方的要求及固執的想法，並避免用條件挑選對象，而是選擇令你怦然心動的人。此外，也請別被父母的價值觀影響，接受父母對你的婚姻提議，畢竟要結婚的人是你。當你能以宏觀的視野與開放的心態看待對方，你將能步入幸福的婚姻。

和主印記為白鏡的男生順利交往的方法

誠懇的他對感情坦率真摯，無法接受謊言與虛偽，更不用說出軌。一旦他發現你紅杏出牆，你就會立即出局，因此，請以誠實的心與他交往。

裡 原本真實的模樣

欣賞對方的內在而非條件，將讓你的心更加純淨

波符為白鏡的你若能欣賞對方的品德與純粹，而非外表及條件，你將能獲得幸福。即便年輕時容易對有錢人及高收入菁英抱有好感，但在你逐一滿足物欲後，你便會漸漸明白，金錢與物質換不了真正的幸福。若你渴望步入幸福的婚姻，就必須用心感受，切忌被他人的外在條件所迷惑，請以心眼觀察對方，並選擇品行高尚，內心純淨的對象。而在確定心意後，即便友人疑惑你的決定，也請保持自信，你的選擇絕對是正確的。俗話說：「好人有好報。」若你能保持純粹的心，神明肯定會賜予你匹配的對象。若你渴望良緣，可以前去參拜掌管戀愛的神明，效果顯著。你也可以養成前往能量景點，淨化身心的習慣。

和波符為白鏡的男生順利交往的方法

他的性格一板一眼，討厭任何逾矩的行為。舉例而言，如果你未能遵守約會時間，他就會立即把你剔除戀愛對象名單。因此，請注意，別暴露自己平時生活的不良習慣。

透過星際馬雅13月亮曆占星術來解讀

幫助開運的小習慣＆生活方法

表 早有自覺的模樣

活出跳脫框架的人生

主印記為白鏡的你若渴望開運，就必須活出跳脫框架的人生。雖然重視正解、規矩及安穩並非壞事，但不可否認的是，這將減少你此生的收穫。都難得來地球一趟了，與其辯證事物的黑白與真偽，不如好好品味這世間的樂趣、歡喜、成就、生活價值、曖昧不清與惶恐不安。若能提醒自己用腦袋思考，用心感受，你的人生將能變得多彩多姿。只要沒有遺忘為人的本質與重要根本，任何生活方式都不成問題。有時，也請像孩子一般，盡情地、無拘無束地享受自己嚮往的事情。當宇宙感受到你的快樂能量，肯定會為你捎來幸運。而且，當你能意識到自己內在的束縛，並擺脫這些拘束自己的框架，你將能獲得更多，並且鴻運當頭！

裡 原本真實的模樣

請選擇困難重重而非安逸舒適的道路

波符為白鏡的你若渴望開運，就必須選擇困難重重而非安逸舒適的道路，這麼做將能令你福星高照。你總是不斷磨練自我，就如同一面鏡子般，愈磨愈亮。同時，你也崇尚自我成長，時時刻刻追求自我提升。因為你心知肚明，若選擇輕鬆的人生道路，靈魂將無法茁壯。請務必透過在逆境中收獲的經驗及緣分活化自己的價值觀，從中鍛鍊人格，並學會於現實生活中向他人表達感謝、做出貢獻。唯有如此，你才能逐漸成熟。無論你在地球上體驗了什麼、克服了什麼，抑或幫助了誰，最後能帶走的都只有你的靈魂。請明確想像自己的理想模樣，並隨時抱持寬宏的視野，追問自己抵達目標的方法，一步一步向前邁進。

白鏡
的
關鍵字

具備的基本特質

好惡分明

凡事勇敢面對，認真盡責

重視禮節，遵守秩序與紀律

真誠且富有靈性

自立自強，不依賴他人

此生的職責

打造有秩序的世界

快樂座右銘

「避免固執己見。」

隨身開運小物

隨身鏡

鴻運當頭的前兆

注意力集中
看見鏡子中的自己
抽籤抽到大吉

開運場所

化妝室

適合結識為友

紅龍

適合發展戀情

藍夜

引領你成長茁壯

黃星星

藍暴風雨

影響力宛如暴風雨般
足以席捲眾人的活力充沛之人

透過星際馬雅13月亮曆占星術來解讀

我的原貌

表 早有自覺的模樣

負責發揮影響力，促進世界改革

主印記為藍暴風雨的你擁有強大能量，足以影響世界。你就像內建長效電池般，總是全力以赴地工作、生活與玩樂。然而，一旦你足不出戶，能量無法釋放，將導致運勢低迷，我建議你定期外出揮灑活力。雖然平時精力充沛，但偶爾還是會遇上情緒低落，只是，一旦被負面情緒牽著鼻子走，一切將容易朝負面發展。因此，請客觀審視自己，或向親朋好友傾吐內心，來重新冷靜看待眼前的問題，找尋對策。你如何運用這股潛藏體內的能量將大幅影響你的命運，因此，請發揮正面的影響力，促進世界改革。

裡 原本真實的模樣

人際關係與親密關係是你此生的議題

波符為藍暴風雨的你，生來就擁有人際關係與親密關係的議題。你和家人、戀人、朋友和同事的相處方式將影響你的一生，一旦你疏於經營人際關係，你的人生將會如捲入暴風雨般動盪不安。相反地，若能與他人維持良好的人際關係，你將能安穩度日。因此，請正視自己與旁人的人際關係，產生分歧時，請盡可能如實面對。尤其家人是你此生最先相遇的、最小單位的靈魂伴侶，請務必珍惜所有緣分，從關係中學習，引領靈魂成長。或許事情並沒有你想得那麼糟，只是，光在腦海裡想，對方無法明白。因此，請務必將自己的心情說出口，傳達出去，讓雙方都能了解彼此的想法，並透過實際行動建立良好的人際關係。

透過星際馬雅13月亮曆占星術來解讀

適合的職業＆鴻圖大展的方法

表 早有自覺的模樣

提升溝通能力，成為團結眾人的領導者

主印記為藍暴風雨的你此生的天職，即為能夠發揮影響力，如暴風雨般影響眾人的工作。事業有成的人肯定都具備首屈一指的溝通能力，然而，你並不擅長在眾人面前表達想法及思想。因此，你必須精進自己的溝通能力，練習明確表達自主意見，並撼動他人，如此一來，你才能和他人互相了解彼此。若你能突破溝通的課題，你將能發揮影響力，打動他人，同時跨越一切難題，取得成功。你適合從事KOL、在業界以魅力著稱的職業、激勵他人的教練、團結眾人的經理、專案領導人等。此外，你的味覺相當敏銳，具備成為優秀廚師及侍酒師等職業的才華，因此，你也適合投入食品產業和餐飲業，或是成為食品專家。

適合的職業

KOL、教練、教師、食品業、餐飲業、侍酒師、廚師。

裡 原本真實的模樣

透過優秀的團隊合作取得成功

波符為藍暴風雨的你若能選擇可以從人際關係中成長的工作，將能令你獲得成就感。你行動力高、活力充沛，因此比起文書工作，更適合從事業務、外勤工作、負責團結眾人的經理及部門主管等需要四處奔波的行業。認真的你身負愈重的責任，將愈能發揮看家本領。相反地，獨立作業的工作往往無法令你大幅成長。若你渴望鴻圖大展，就必須重視人際關係。和同事、前輩、上司、下屬及客戶等各式各樣的人來往，將能令你獲得發展機會。然而，生活不可能總是一帆風順，發生問題時，若推託責任、做出不公不義的行為，將會令你的事業運一落千丈，請務必小心警惕。相反地，若能珍惜人際關係，你將能獲得他人的協助，於職場嶄露頭角，大放異彩。

適合的職業

業務、與人相關的工作、服務業、需要團隊合作且任務繁雜的工作。

裡

透過星際馬雅13月亮曆占星術來解讀

遇見正緣的訣竅&匹配的結婚對象

表 早有自覺的模樣

透過料理與美酒，提升彼此的親密度

主印記為藍暴風雨的你在談戀愛時，擁有溝通這項重大議題。你是否曾經有過因為笨口拙舌、不擅溝通，導致內心話說不出口，最終只能單相思的經驗呢？或許你還曾經意外釀成始料未及的誤會過。會發生這種事，正是因為溝通是你此生的議題，所以，請強烈警惕自己，務必確實表達內心情緒。不將想法說出口，對方便無法如你所願地明白你。若渴望拉近兩人的距離，最好的方法就是透過美食和美酒來提升彼此的親密度。你擁有靈敏的味覺和優秀的料理品味，因此美食和美酒是你談戀愛時的最強助手。你可以邀請對方一同前往熱門餐廳，或是自行準備珍貴食材與對方在家烹煮。請讓爐灶之神護佑你與對方展開熱烈的對話吧！

和主印記為藍暴風雨的男生順利交往的方法

主印記為藍暴風雨的男生大多是美食饕客，因此，透過美食締結關係，效果極其顯著。你可以邀約他前往他喜歡的餐廳，進行一場浪漫的約會。請運用美酒和美食，加深彼此之間的情感吧！

裡 原本真實的模樣

善加觀察對方是否重視家人

波符為藍暴風雨的你所選擇的伴侶將大幅影響你的命運。對你而言，親密關係是你戀愛時的重大課題。因此，挑選伴侶時，切勿草率決定，務必花點時間考慮。首先，對方和自己是否契合最為重要。若與不合的人結婚，將容易造成家庭失和，並導致你的人生一波三折，因此，請務必選擇你內心認定的契合對象。另外，也請迴避不重視原生家庭的人，在家庭和睦的環境下成長的人才是你的良緣，這類型的人也比較會善待你的家人。千萬別以條件選擇你的伴侶，比起富有或外貌姣好，對方的個性以及契不契合更為重要。請別只欣賞對方的外表，應當善加觀察對方的個性，並了解對方有多重視自己與家庭。

和波符為藍風暴的人順利交往的方法

由於他擁有親密關係的議題，因此他和家庭之間的關係將大幅影響你們的命運。若他相當重視自己的家庭，則適合推進關係，相反地，若他不重視自己的家人，則要懷疑他婚後的表現。若你正認真考慮與對方的未來，可以嘗試先同居看看。

透過星際馬雅13月亮曆占星術來解讀

幫助開運的小習慣&生活方法

表 早有自覺的模樣

透過做菜轉換心情

主印記為藍暴風雨的你若渴望開運，則必須騰出放鬆時間。總是滿懷能量行動的你，有時也必須稍作暫停，花時間替自己補充能量。當你遇上麻煩事，或者感覺生活不太順利時，可以準備高品質的食材，到廚房料理一番，這將能掃去你內心的陰霾。此外，我也推薦你可以刷洗水槽，或精挑細選廚房用品、調理用具及餐具，於廚房擺放喜愛的物品。若你對自己的料理手藝滿懷自信，也可以招呼推心置腹的好夥伴一同前來享用。若你對料理不拿手，則可以出門品嘗美食，藉由滿足味蕾和心靈來充電。和親朋好友圍在飯桌前度過悠閒美好的時光，將能令你放鬆身心，恢復元氣。

表

裡 原本真實的模樣

來場家族旅遊

和家人維持良好關係是波符為藍風暴的你開運的關鍵，因為家庭關係將會大幅影響你的命運。若你和家人的關係不和睦，我建議你及早改善。一旦你家庭關係惡劣，將導致你的能量停滯，並對你的工作、感情、健康、人際關係和整體運勢帶來負面影響。你很可能懷有親子關係的議題，有可能從小親子關係便不甚愉快、無法原諒父母，或因照護問題與父母發生爭執。然而，他們可是獨一無二的存在，請努力和他們維持良好的關係。若你的父母已經離世，則請定期幫他們掃墓，合掌向他們表達感謝。祂們將會守護你，給予你支持與鼓勵。

藍風暴
的
關鍵字

具備的基本特質

影響力強

擁有號召眾人的力量

奮發向上，思考正向

積極督促自己成長

受爐灶之神眷顧，味覺靈敏

此生的職責

透過與他人來往改變人生

快樂座右銘

「接納一切變化。」

隨身開運小物

口袋名單

鴻運當頭的前兆

和家人有更多時間對話
結交到新朋友
成功預約到想去已久的餐廳

開運場所

喜歡的店家

適合結識為友

黃太陽

適合發展戀情

白風

引領你成長茁壯

紅月

黃太陽

責任感強大，德高望重的領導人

透過星際馬雅13月亮曆占星術來解讀

我的原貌

表 早有自覺的模樣

用太陽般的光芒照亮世界

主印記為黃太陽的你總是能用太陽般的光芒照亮世界。你的性格開朗，擁有用微笑點亮現場氣氛的才能。而且，你的存在感強烈，從遠方就能立即注意到你。由於你寬宏大量，不會對小事斤斤計較，因此你往往能成為團體核心，受到眾人景仰。相反地，若躲在人群裡，或把生活的主導權交付給他人，你將會迷失自我，難以一展長才。如同太陽東昇西落般，你的人生也會歷經各種起伏，不過，你天生是名幸運之子，請相信自己絕對擁有披荊斬棘的實力。唯有成為人群核心，你才能閃耀光芒。請別只為自己而活，應接納多元的價值觀，努力成為溫暖且德高望重的人，為他人照亮前路，讓每個人看見自己的光芒。

裡 原本真實的模樣

藉由分享成功與財富綻放光芒

波符為黃太陽的你擁有在三次元的世界裡豐衣食足、獲取一切豐盛的強運。你可以說是世界上最幸運的人物，得以發揮強大的愛情運、財運、貴人運、家庭運與機運，獲得眾所仰慕的理想人生。由於你此生註定會成功，因此請別獨佔財富，你此生的職責，即是將其分享出去。若你能如太陽向萬物無私揮灑光芒般，將你獲得的愛與豐盛分享給眾人的話，你的運勢將能一飛沖天。我們無法憑藉一個人的力量生活，當你獨自一人時，也只能獲得有限的幸福，若能珍惜身邊的人並分享，才能收穫真正的幸福。當你對生活迷惘時，就看向太陽，以太陽為榜樣吧！

透過星際馬雅13月亮曆占星術來解讀

適合的職業＆鴻圖大展的方法

表 早有自覺的模樣

運用與眾不同的魅力率領眾人

主印記為黃太陽的你此生的天職，即為能夠完整發揮自我特質的工作。你擁有如太陽般閃耀的存在感與魅力，能成為萬眾崇拜的標誌人物，活躍職場。因此，比起進入組織工作，你更適合白手起家。你相當適合獨立創業，成為社長，或者擔任引領部門與團隊的專案經理、業務幹部及負責人等。此外，你也適合開店成為店長或店經理。當你身上背負的責任愈重大，你愈能發揮實力。相反地，你並不適合成為輔佐人員，或從事支援工作。由於你擁有優秀的領導能力，因此，若你渴望鴻圖大展，就必須與旁人合作無間。一旦想發揮領導能力的你變得唯我獨尊、自視甚高且傲慢無禮，旁人便會遠離你。請記得常懷感恩的心，與他人同心協力。

適合的職業

業主、社長、店長、經理、組織管理職位、演員。

裡 原本真實的模樣

帶給周圍愈多幸福，愈能締造財富與名聲

波符為黃太陽的你此生註定會成功。天生擁有完美事業運、財運、貴人運及成功運的你，適合獨立創業，成立公司，或是成為自由工作者，站上業界頂端。即便進入公司組織工作，你也能平步青雲。若能發揮你出色的社交能力，從團隊中脫穎而出，成為幹部，你將能鴻圖大展。若你渴望獲取更高的成就，切忌畫地自限。請懷抱更遠大的夢想，思考自己能如何為人類社會的福祉做出貢獻，同時累積資歷。當你帶給周圍愈多幸福，你愈能獲得財富與名聲，並且飛黃騰達。若你考慮獨立創業，請務必立即著手。在學習完商業基礎，確立理念與目標之後，就可以展開行動囉！

適合的職業

業主、負責人、創業家、自由業、顧問、投資者。

遇見正緣的訣竅&匹配的結婚對象

表 早有自覺的模樣

能和有些年齡差距的溫柔對象順利發展

主印記為黃太陽的你意志堅強，不太會輕易改變自身信念，是名想在戀愛中掌握主導權的女王，即使結婚後，性格也依舊強硬，因此容易成為妻管嚴。你從來不會迎合感情對象，加上你在戀愛中渴望握有主控權，因此，願意溫柔配合你的對象與你較為契合。婚後，你將和另一半同住一個屋簷下，若選擇同樣強勢的對象，便會彼此互不相讓，容易引發爭執。若你渴望步入幸福的婚姻，就必須選擇景仰的對象作為你的伴侶。此外，若和年紀相仿的人交往，將容易淪為朋友關係，因此，你更適合與年紀有些差距（年長或年少皆無妨）的對象在一起。兩人意見分歧時，請找到雙方都能接受的協調方式，彼此各退一步，並且隨時保持感恩的心。獨立自主的你比起成為家庭主婦，更適合與伴侶共建雙薪家庭。若能選擇在從事志趣的同時，還能一邊協助家事及育兒的伴侶，你將能過上心滿意足的一生。

和主印記為黃太陽的男生順利交往的方法

主印記為黃太陽的男生如同九州男兒般擁有大男人主義，常常希望能掌握主導權，因此，請交給對方決定約會地點，並接受對方的請客吧！不過，也別忘了回禮給對方。由於他自尊心強，所以千萬別攻擊他的長相喔！

裡 原本真實的模樣

請和精神與經濟獨立的人培養感情

波符為黃太陽的你往往希望能建立雙方各自獨立的伴侶關係。你很可能天生家庭富裕，自幼便在富足的環境下長大，或者本身工作高薪，不必擔憂自己的生活。擁有獨立生活能力的你，完全無需對方的照顧。由於你獨立自主，因此你並不容易尋得契合的對象，也容易晚婚，甚至很有可能歷經離婚，重拾單身生活。若你渴望步入幸福的婚姻，就必須和對方建立各自獨立的伴侶關係。簡單來說，就是選擇精神成熟的對象。而且，現代雙薪家庭蔚為主流，對你而言可是個舒服自在的生活環境。此外，你還擁有好「孕」，若能一邊投入志趣，一邊享受養育孩子的樂趣，你將能步上幸福的人生。

和波符為黃太陽的男生順利交往的方法

性格開朗、交友廣闊的他人緣極佳，不僅重視與朋友之間的緣分與天倫時光，也喜歡眾人群聚的歡樂激昂。因此，若束縛了對方，感情將無法長久，請務必小心注意。若能放輕鬆交往，你們將能建立起良好的關係。

透過星際馬雅13月亮曆占星術來解讀

幫助開運的小習慣＆生活方法

表 早有自覺的模樣

拒當夜貓子，改作晨型人

主印記為黃太陽的你若渴望開運，就必須拒當夜貓子，改做晨型人。由於你的主印記圖騰名稱含有「太陽」一字，因此，早晨及中午是你最能發揮實力的時刻，而非夜晚。早上充滿太陽的能量，能夠提升你的運氣，引領你成為幸運之子。請在早起之後，先拉開窗簾，吸取太陽的能量，打開窗戶，呼吸新鮮空氣。若能一邊散步一邊深呼吸，舒展身心，則能有效助長你的運勢。養成參拜神社與佛堂，向神明表達今日感謝的習慣，也能夠促使好運降臨。俗話說：「早起的鳥兒有蟲吃。」成功人士往往能善用早晨時光，因此，請你也好好運用吧！

裡 原本真實的模樣

讓太陽神成為你的後盾

波符為黃太陽的你若渴望開運，就必須讓太陽神成為你的後盾。我推薦可以前往日本的伊勢神宮，或是到沖繩等南方島嶼來場小旅行，放鬆身心。若有機會前往海外旅遊的話，請務必前往星際馬雅13月亮曆的起源地——墨西哥及瓜地馬拉一帶，或造訪與太陽神淵源匪淺的埃及。若不想跑太遠，你也可以前往陽光燦爛的夏威夷、關島或峇厘島曬場充足的日光浴。總之，當你感覺運勢低迷、備感壓力的時候，請務必前往艷陽高照的地方。即便身處學校或辦公室，也可以趁午休或休息時間曬點太陽，光是如此便得以補充能量。穿戴太陽黃來讓自己親近太陽，而非橘、紅、黃等橙色系服飾，也能提升運勢喔！

黃太陽
的
關鍵字

具備的基本特質

魅力十足，散發主角氣場

擁獲成功、財富與權力

責任感強，令人信賴

如太陽般耀眼奪目

獨當一面

此生的職責

向他人分享幸福，學習感恩

快樂座右銘

「感恩世間萬物。」

隨身開運小物

天照大神的護身符

鴻運當頭的前兆

湧現感恩的心情

曬日光浴

看見萬里無雲的天空

開運場所

早晨的公園

適合結識為友

藍暴風雨

適合發展戀情

紅龍

引領你成長茁壯

白狗

結語

感謝你讀完此書。

你是否已經感覺到，
在這個「綻放自我的時代」裡，
了解自己是一件多麼重要的事情了呢？

為了活出自我，
我們必須提高自我肯定力。
所謂的自我肯定力，
即指能夠肯定自身存在價值與意義，
相信自己絕對能一帆風順，擁有幸福的能力。

請務必接納原本真實的自己，
以及自己身上那些不甚討喜的地方。
若你能肯定全部的自己，
你將能獲得真正強而有力的力量。
若這本書能夠帶給你自信及勇氣，
我將感到萬分欣喜。

最後，由衷感謝SHUFUNOTOMOSYA的氏家菜津美小姐
給予我在日本出版此書的機會，
也深深感謝每位編輯部同仁的傾囊相助。

希望每個人都能擁有活下去的強大力量，
並在這個綻放自我的時代裡不迷失自己。

懷著愛與感恩的心

「MASAYUKI式星際馬雅13月亮曆占星術」

Information

若你渴望藉由此書更認識星際馬雅13月亮曆占星術，以下將提供一些資訊，幫助你更加大放異彩，獲得屬於自己的人生。敬請掃描下方的QR Code，加深學習星際馬雅13月亮曆占星術。

1

免費線上課程體驗

MASAUKI講師每個月都會在線上開設星際馬雅13月亮曆占星術的免費體驗課程。在課程中，MASAUKI將會解說星際馬雅13月亮曆占星術的核心以及KIN的概念，即便是初學者，也能快樂學習，加深知識。

2

透過YouTube頻道學習基礎知識

以下是MASAUKI的官方YouTube頻道，頻道中由MASAUKI親自解說星際馬雅13月亮曆占星術的基礎知識與開運的祕訣，同時也會發佈最新資訊。強力推薦各位點閱20種圖騰的各別詳細解說。

3

內容豐富的官方網誌

以下是日本星際馬雅13月亮曆占星術療癒者協會（日本マヤ暦セラピスト協会）的官方網站。該協會的代表理事為MASAYUKI，而在網站中，由MASAYUKI執筆的專欄每天都會更新，其中，尤以「今日的開運指示（今日の開運アドバイス）」備受好評。

MASAYUKI

一般社團法人日本星際馬雅13月亮曆療癒師協會代表理事。星際馬雅13月亮曆占星術®開山始祖、星際馬雅13月亮曆生命領航員、星際馬雅13月亮曆靈魂領航員、職業占卜師。於各行各業坐擁許多粉絲，演藝人員也是其顧客。開設「星際馬雅13月亮曆生命領航命理課程」，教授眾人運用星際馬雅13月亮曆占星術順勢開運的高精準命理術。開課之際便瞬時聲名大噪，紅遍全日本。截至今日，包含其他課程在內，學生人數已累計三千名以上。參與學生好評不斷，皆歡稱自己終於找到活出精采自我的方法。為普及星際馬雅13月亮曆占星術®，現致力於培育弟子，每個月皆向眾多學生傳授如何運用星際馬雅13月亮曆占星術「活成KIN的模樣，綻放自我光芒」。同時也是一名作家！

《STAFF》

Illustlation	Yayoi
Design	Yumi Tanabe (GURIPESS)
Composition	Nozomi Sato
Edit	Natsumi Ujiie (SHUFUNOTOMOSHA)

活出命運最大值！
馬雅13月亮曆占星術

出　　版／楓樹林出版事業有限公司
地　　址／新北市板橋區信義路163巷3號10樓
郵政劃撥／19907596 楓書坊文化出版社
網　　址／www.maplebook.com.tw
電　　話／02-2957-6096
傳　　真／02-2957-6435
作　　者／MASAYUKI
翻　　譯／曾玟閎
責任編輯／黃穫容
內文排版／謝政龍
港澳經銷／泛華發行代理有限公司
定　　價／400元
初版日期／2025年7月

國家圖書館出版品預行編目資料

活出命運最大值！馬雅13月亮曆占星術
/MASAYUKI作；曾玟閎譯. -- 初版. --
新北市：楓樹林出版事業有限公司,
2025.07 面； 公分

ISBN 978-626-7729-21-2（平裝）

1. 曆法 2. 占星術

298.12　　114007274